历史不能忘记系列

中国空军抗战

要秋霞◎著

中国民主法制出版社

2015年·北京

图书在版编目（CIP）数据

中国空军抗战/要秋霞著．—北京：中国民主法制
出版社，2015.7

（历史不能忘记系列）

ISBN 978-7-5162-0937-0

Ⅰ．①中⋯　Ⅱ．①要⋯　Ⅲ．①空军—抗日战争—
军事史—中国—青少年读物　Ⅳ．①E296.54-49

中国版本图书馆 CIP 数据核字（2015）第 180329 号

历史不能忘记系列
　　张量　主编

图书出品人：刘海涛
图 书 统 筹：赵卜慧
责 任 编 辑：吕发成　胡百涛

书名/中国空军抗战
作者/要秋霞　著

出版·发行/中国民主法制出版社
地址/北京市丰台区玉林里 7 号（100069）
电话/63055259（总编室）　　63057714（发行部）
传真/63056975　63056983
http://www. npcpub. com
E-mail:mzfz@npcpub. com
经销/新华书店
开本/32 开　880 毫米×1230 毫米
印张/6.375　**字数/**127 千字
版本/2023 年 3 月第 2 次印刷
印刷/涿州市荣升新创印刷有限公司

书号/ISBN 978-7-5162-0937-0
定价/49.80 元

▶ 修订版序

　　中国出版集团旗下中国民主法制出版社，将在中国人民抗日战争暨世界反法西斯战争胜利70周年之际，修订再版"历史不能忘记"系列丛书，我感到非常高兴。当年我参加组织编写了这套丛书，得到了社会的认可。在老一辈无产阶级革命家杨成武同志为第一版作序后，由我为再版作序。虽然水平有限，然出版社坚持，也只好尽力而为了。

　　1993年以后，日本国内的右翼势力开始猖獗，日本政局也开始出现右倾化的动向，不时上演参拜靖国神社、篡改历史教科书、否定南京大屠杀，为日本侵华战争涂脂抹粉，企图推卸战争责任的闹剧。前事不忘，后事之师。要让中国人民和世界人民永远牢记这段历史，尤其要让青少年从小就了解、记住这段历史。在我国国内，虽然抗日战争方面的图书资料很多，却难见一套比较系统地对青少年进行抗日战争方面的爱国主义教育的丛书。1998年初，中国民主法制出版社的编辑赵卜慧等同志策划了"历史不能忘记"系列丛书。受出版社邀请，我组织时任中国社会科学院近代史研究所所长、《抗日战争研究》杂志主编、中国抗日战争史学会副会长张海鹏，中国第二历史档案馆馆长、中国抗日战争史学会理事周忠信，中国人民大学中共党史系主任、博士生导师陈明显，中国人民抗日战争纪念馆编研部主任、中国抗日战争史学会常务理事、研究员张量和中国人民解放军军事医学科学院研究员、细菌学专家郭成周以及对抗日战争史有深入研究的专家学者，精心编写了这套丛书。这套丛书收录了大量的史料和图片，有些是首次公之于众的，揭露了日本侵略中国所犯下的滔天罪行，如南京大屠杀、日军细菌部队罪行等；讴歌了中国人民浴血奋战，与日本侵略者血战到底的气壮山河、可歌可泣的民族精神，如八一三淞沪会战、台儿庄战役、百团大战等。该丛书第一版推出 12 本，于 1999 年 9 月出版。丛书出版后在读者中引起了很好的反响，当年就名列共青团中央"中国新世纪读书计划第 7 期新书推荐榜"，并被列为上海市中小学生图书馆必备书目，荣获第 9 届上海市中小学生优秀课外读物三等奖。

近几年，日本政府在右倾化的道路上越走越远，尤其是安倍上台以后，不但矢口否认历史，而且否认对侵略历史表示歉意的"村山谈话"，挑起诸多事端，解禁集体自卫权，对外出售武器，动摇日本战后和平宪法的根基，加快日本军国主义的复活，引起世界各国尤其是曾经遭受日本军国主义铁蹄蹂躏的亚洲邻国的高度警惕。

　　为了铭记历史、缅怀先烈、珍视和平、警示未来，2014 年 2 月 27 日，全国人大常委会通过了《全国人民代表大会常务委员会关于确定中国人民抗日战争胜利纪念日的决定》，以法律的形式，将每年 9 月 3 日确定为中国人民抗日战争胜利纪念日；2014 年 4 月 10 日，又通过了《全国人民代表大会常务委员会关于设立南京大屠杀死难者国家公祭日的决定》。今年是中国人民抗日战争暨世界反法西斯战争胜利 70 周年，我国将在纪念日举行空前盛大的阅兵活动，向世界宣示中国维持战后世界秩序的坚定决心。

　　在此之际，修订再版"历史不能忘记"系列丛书，充分体现了中国民主法制出版社的担当意识和责任精神。丛书站在新的历史方位，挖掘和整理最新史学研究成果和文献资料，由初版 12 册增加到 22 册，内容更加丰富，事实更加清晰，范围更加广阔，尤其是把儿童抗战、文化抗战、台湾抗战、空军抗战、海军抗战等鲜为人知的抗战史料呈现在读者面前。不难看出策划者把这套丛书作为精品工程精心来打造的良苦用心。

　　2014 年 7 月 7 日，习近平总书记在纪念全民族抗战爆发 77 周年仪式上指出，历史是最好的教科书，也是最好的清醒剂。中国人民对战争带来的苦难有着刻骨铭心的记忆，对和平有着孜孜不倦的追求。中国的抗日战场，是世界反法西斯战争的东方主战场，中国抗日战争的胜利，为世界反法西斯战争作出了积极贡献。中国抗日战争的胜利，是中国近代以来第一次取得的反对外来侵略的彻底胜利，一雪百年屈辱历史，它是中华民族由衰败走向振兴的重大转折。

实现民族复兴的中国梦，是每一位中华儿女共同的历史使命。中华民族的伟大复兴、美丽中国梦的实现，许多道理需要让历史告诉未来。中国人民会铭记这段历史，以史为鉴，时刻保持清醒头脑，警惕日本军国主义的死灰复燃，牢记"落后就要挨打，就要受人欺负"的教训，紧密地团结在以习近平为总书记的党中央周围，发奋图强，努力学习和工作，把我们的国家建设得日益繁荣富强，为早日实现中华民族伟大复兴的中国梦而努力奋斗。

中央档案馆原馆长

中国档案学会原理事长

中国抗日战争史学会原副秘书长　王明哲

2015年5月

▶ 第一版序

　　抗日战争，这是个历史性和现实性都很强的话题。

　　说它具有很强的历史性，那是因为，这场战争的爆发距今毕竟已有62年。时至今日，战争的硝烟早已散尽，在和平共处五项原则的基础上，中日两国正面向未来，致力于建设和平与发展的友好合作伙伴关系。至于有关反映抗日战争的文章和书籍，60多年来则更是难计其数。

　　说它具有很强的现实性，则是由于：其一，抗日战争毕竟是自1840年鸦片战争以来，帝国主义列强发动的历次侵华战争中最残酷的一场战争，也是中国人民反抗外来侵略最坚决并最终取得全面胜利的一场战争。这场惨绝人寰的侵略战争造成了3500万中国人的伤亡，造成了1000亿美元的直接财产损失，使千百万中国人流离失所。这么一场空前的民族大灾难，无论如何不应该也无法从人们的记忆中抹去。其二，抗日战争虽然早已结束，但它给我们留下许多血的教训：得道多助、失道寡助。尽管有一时的强弱之别，然而玩火者必自焚，正义终将战胜邪恶；贫穷、落后就要挨打，就会受人欺辱，只有国家富足强盛，才能人民安居乐业……所有这些，都将犹如警钟长鸣，时时警示着世人。其三，人总是要有点精神的。中华儿女在这场民族灾难中所表现出来的浴血奋战、不怕牺牲的抗战精神，作为一种极其宝贵的精神财富，无论时间再久远，都将永久地熠熠生辉、光芒四射。在和平的年代里，在社会经济建设中，我们仍然需要弘扬这种宝贵的民族精神。其四，随着时间的推移，抗日战争渐渐成为历史，年青的一代只能从历史书籍、从教科书中去了解这场战争的真相了。也正因为如此，在日本，总有那么一些人不时地挑起事端，他们或在教科书问题上大做文章，或在日军侵华史实上黑白颠倒，企图篡改历史，误导后人。历史霎时间似乎成了一个任人打扮的小女孩。为此，要不要把这场战争的本来面貌告诉世人特别是年青的一代，显然成了摆在每一个史学工作者面前的现实问题。

有鉴于此，中国民主法制出版社约请了长期从事抗日战争问题研究、占有大量客观资料的专家学者，历时数载，撰写了这套"历史不能忘记"丛书。丛书本着对历史负责，对后人负责的态度，严格尊重史实，凭借事实说话，分《以史为鉴　面向未来》《九一八事变》《七七卢沟桥事变》《八一三淞沪会战》《平型关战役》《台儿庄战役》《南京大屠杀》《百团大战》《日军细菌战》《中国空军抗战》《中国海军抗战》《中国抗日远征军》

《抗日英烈民族魂》《华侨支援祖国抗战纪实》《国际友人与抗日战争》《华北抗日》《华东抗日》《华南抗日》《抗战中的延安》共 19 个分册，全方位多角度、系统客观地披露和介绍了抗日战争的爆发背景以及发动经过、侵华日军在战争中所犯下的滔天罪行、中国军民抗击侵略者的著名战役、献身于抗战的民族英烈等。其中，一些材料和观点尚属首次公开发表。

日本的一位首相曾经说过："我们无论怎样健忘，也不能忘记历史。我们可以学习历史，但不能改变历史。"作为一种民族灾难，抗日战争过后的今天，无论是挑起这场战争的加害国还是遭受侵略的被害国，惟有正视史实，以史为鉴，才能更好地面向未来，防止悲剧再度发生。而再现历史真相又是问题的逻辑前提。我想，这恐怕正是撰写和出版这套丛书的目的所在吧。

作为抗日战争的亲身经历者，我愿意把这套丛书推荐给需要了解和应当了解这段历史的人们。

杨成武

1999 年 4 月 4 日

▶ 目 录

绪　言

飞机是人类20世纪的重大发明。1903年，美国莱特兄弟制造出第一架动力飞机，使人类在空中飞翔的梦想成为现实。不甘落后、早在几千年前就梦飞的华夏人，在相隔不到六年也实现了梦想。1909年9月，旅美华侨冯如经过多年努力，制造出中国的第一架飞机，从此，天空不再是华夏人的荒园。

然而，仅仅在飞机发明之后的八年——1911年，飞机便被用于战争。

于是，空军力量、制空权，就成了战役胜负的关键。

1937年，中国全民族抗战爆发。在这场战争中，中国空军面对强大于自己几倍的敌人没有畏惧，与苏联、美国空军密切配合，创造了骄人的战绩。空军健儿们带着对侵略者的满腔仇恨，凭着精忠报国的赤诚，谱写了一曲曲辉煌的乐章。

空军创建　淞沪迎敌

◎ 中国空军的创建

　　飞机的出现引起了正致力于民主革命的孙中山先生的极大关注和兴趣。在飞机诞生之际，他正在美国从事革命活动，亲眼看到了飞机的问世，亲身经历了人类航空时代的到来。他以敏锐的洞察力，科学地预见到飞机在军事上和国家建设上的重大意义，提出了"航空救国"的思想，并为这一思想进行了不懈的努力。

　　1910年，孙中山在美国指示旅美同盟会组织华侨青年学习飞机制造与维修技术，以便将来回国服务，同时要求把培养航空人才作为同盟会的一项重要工作。为此，他积极兴办航空学校。1914年，在日本兴办"中华革命党"飞行学校，1919年在美国建立训练飞行人员的图强飞机有限公司，后又在美国开办了美洲华侨航空学校和旅美中华航空学校，1924年在广州建立广东航空学校。这些航空学校培养了一批航空人员。在创办航校的同时，孙中山先生还派人出国学习航空技术。1915年他派20余名华侨青年进入美国飞行学校学习。这些留学人员在孙中山创建空军过程中发挥了很大作用，并成为中国空军的骨干。

　　为发展航空事业，孙中山先生还积极组建航空队。辛亥革命后，他号召广大华侨行动起来，组织华侨革命飞行团回国支援革命，并以美洲三藩市飞行器公司的名义筹集经费，招募航空人员。同时还在广东革命陆军中成立了飞机队，创建了中国最早的航空队。1917 年，部分赴美留学的毕业生组成航空队回国参加革命。1920 年，又组建"中山航空队"。正是这些航空队，后来经过合并归建，发展壮大成为一支重要的抗日救国力量。

　　在孙中山先生"航空救国"思想中，非常强调自己制造飞机，发展航空工业。1922 年，孙中山大元帅府航空局成立飞机厂，并于 1923 年在杨仙逸厂长的主持下，自行设计制造出广东省第一架国产飞机。经过多次试验后，6 月，在广东大沙头机场举行命名典礼，孙中山和宋庆龄参加了典礼，并以宋庆龄的英文名字给飞机命名为"乐士文"一号。宋庆龄乘飞机在广州上空游览一周，并和孙中山在飞机前留影纪念。孙中山对中国人自己能制造飞机十分赞赏，为此题写"航空救国"。

▲孙中山题词

　　1921 年 7 月 8 日，孙中山在致廖仲恺函中，叙述了所拟著的《国防计划》一书，内容要目共 62 项，有关航空与空军的 9 项，可以看作是"航空救国"的基本纲要，其中有关于建立空军、拟定航空建设发展规划、聘请外国专家来华教练空军学员、购置航空兵器装备部队、自制研制飞机等各种计划。孙中山为发展航空事业所做的一切也正是遵循这一基本纲要。

1925 年，孙中山留下他的未竟事业，与世长辞。但他倡导的"航空救国"理念激励后人为之奋斗，正是"航空救国"促使了航空事业和空军建设在极端困难的条件下有所发展。

1928 年中华民国空军正式编队成军，初具规模。北伐成功后，南京国民政府积极招聘航空人员，购买飞机扩充航空力量，同时又从一些地方军阀手中接收了部分航空人员和装备，航空力量有所增强。1928 年 11 月，蒋介石在南京政府军政部下设立航空署，与陆、海军署并列，负责管理空军编制组织，而空军的作战直接归陆海空军总司令指挥。

为培训造就空军飞行人员，1928 年，南京中央陆军军官学校内设航空队（即中央航空学校的前身）。成立之初，在学校第五、六期学员和军官团中，就有 80 余人踊跃报考。航空队 1929 年 2 月正式开课，到 6 月改名为航空班，教练用机多数是华侨热心捐助购买的，以支持培养中国的航空人才。1931年 3 月，航空班 83 名学员毕业。这些学生分配到航空署机关和各航空队任职。

1931 年 7 月 1 日，由航空班改组的军政部航空学校在南京正式成立，毛邦初任校长，录取飞行员 20 名、机械学员 45名。9 月开始学习训练。12 月，校址迁到杭州笕桥。1932 年 9月 1 日，笕桥航空学校扩大编制，创立了中央航空学校，蒋介石任校长，毛邦初任副校长。自此，中国有了第一所较具备现代化规模的航空学校。学校聘请以美国空军上校裘伟德为首的顾问团担任全部教练的工作，并筹划训练程序和树立一个高难度的飞行技术标准。第一批学员 200 名，在中央空军中作为第二期，原航空班招收的学员作为第一期。

当时在全国还有其他航校培训航空人员，如广东航校、云南航校、广西航校、南苑航校等，但从教官、编制、设备、训练等方面看都不如笕桥航校。笕桥航校自成立之日就备受蒋介石青睐，多次亲临视察，并题写了《空军训条》，激励学员：

第一：至高无上，为空军救国独一无二的责任；

第二：为国捐躯，为空军救国杀身成仁的精神；

第三：有我无敌，为空军救国至大无畏的胆量；

第四：服从命令，为空军救国共同一致的要求；

第五：再接再厉，为空军救国尽忠党国的气节；

第六：冒险敢死，为空军救国死中求生的出路；

第七：精密周到，为空军救国持颠扶危的基准；

第八：亲爱精诚，为空军救国共同生死的德性；

第九：质素朴实，为空军救国光明磊落的本色；

第十：自强不息，为空军救国雪耻复仇的志气；

第十一：克服天然，为空军救国战胜一切的本能；

第十二：坚忍不拔，为空军救国最后胜利的要素。

笕桥航校在全民族抗战爆发前共毕业七期学员，培训出500多名飞行员，他们多数成为空军的骨干力量。

1933年2月，中国空军成为与陆、海军并列的独立兵种。1934年，航空署改组为航空委员会，并迁至南昌，蒋介石亲任委员长，所属航空队扩编为八个队，并建立首都航空处，加紧筹划空军的全面建设。同时聘请意大利空军顾问团。1935年在南昌设立意大利飞行训练班，6月迁至河南洛阳。此时，中央航空学校学员数量不断增加，训练场地和校舍无法容纳，遂将意式飞行训练班改名为中央航校洛阳分校，仍聘用意大利顾问执教。1936 年 7 月，中央航空学校广州分校成立，航空教育步绪完全确定，洛阳分校和广州分校实施初级训练，而笕桥航校成为中高级训练的摇篮。

▲笕桥航校里的飞行员们

1936 年，航空委员会迁到南京。中央空军经过扩充和调整，体制日渐完备，部队编制渐渐完成，在美国订购的飞机也不断抵华。5 月，航空委员会划定全国六个空军区，确定各区的实力、配备与编制。8 月，广东空军编入中央空军后，空军编组为九个大队，三十个中队，全国飞机总数约 600 余架，飞行人员 3000 人，机场 262 处。全民族抗战爆发后，广西空军统归中央空军。至此，中国空军除新疆等少数地方外，基本上统一。

在发展空军、培训飞行员的同时，南京国民政府也在着手空军基础设施的建设，其中较突出的是航空工厂的建设。1927年，南京建立的首都航空工厂是最早的航空工厂。后又建立上海航空工厂、武昌南湖修理厂等，这些厂规模不大，有的能仿制飞机，有的只能简单修理。1934 年到 1935 年，先后建立了广东韶关飞机制造厂、中央杭州飞机制造厂和中央南昌飞机制造厂，这三个工厂分别与美国、意大利合办，规模较大，生产和修理了一批飞机，在抗战中发挥了一定的作用。除建立航空工厂外，国民党政府还建立和完善了各级航空场、站，建立了油弹库和器材库，建设了气象和通讯设施，在抗战中发挥了积极的作用。

◎ "一·二八"抗战中的中国空军

1932 年 1 月，九一八事变后四个月，日本又向素有"东方明珠"之称的上海发动了进攻，挑起了"一·二八"事变。日军的入侵，激起了中国人民和爱国官兵的极大义愤，驻守上海的第十九路军奋起抵抗。

此时军政部航空学校刚迁到杭州笕桥不久。日军在我国领空横行，派轰炸机远征杭州，企图毁灭笕桥。面对疯狂的日军，年轻的中国空军正式参加了抵御外侮的战斗，开始了中国空军与日军的第一次交锋，这是中国空军第一次抵御外敌的空中作战行动，揭开了中国空军的抗战序幕。

从 1932 年 1 月 28 日至 3 月 3 日，在历时一个多月的淞沪作战中，日本参战兵力近 10 万人，包括"风翔"和"加贺"号航空母舰在内的各型舰艇约 80 艘，各型飞机 300 余架。中国参战兵力约 5 万人。航空署的第二队队长石邦藩率领第六队飞机 5 架和第七队飞机 4 架从南京飞赴上海助战，洛阳航校教育长旅美归侨黄毓沛驾驶美式飞机到沪参战，广东航空第二队的飞机也到沪助战。中国参战飞机共有 32 架。正是在这种条件下，中国空军在苏州、杭州、上海等地协同第十九路军作战，与十倍于我军的敌人进行了五次空战。

2月5日，在上海虹桥机场上空，中日空军进行首次空战。中国空军印度籍飞行员朱达先等驾驶4架"林柯克"式、"可塞"式驱逐机与日机发生激烈战斗。朱达先的战机多处中弹，在腹部和足部均受伤的情况下，他摆脱日机纠缠，在虹桥机场紧急降落，被送往医院。此时刚告别新婚妻子的第六队副队长黄毓铨，目睹朱达先负伤，怀着强烈的民族仇恨，登上了朱达先受伤的飞机向天空冲去，当飞机增速升高之际，骤然操纵失灵坠地，壮志未酬的年轻飞行员献出了宝贵的生命。

▲"一·二八"抗战中中国空军装备的美国型号飞机

这次空战，敌我力量悬殊，中国飞行员没有辉煌的战绩，没有惊人的记录，但它的意义却远远超过了战斗本身。因为这毕竟是中日之间的第一次空战，中国人在自己的领空抵御了入侵者，捍卫了祖国的尊严。

　　自首次空战后，航空署选定了南京与上海之间的苏州作为中国空军的前进基地，把主要作战飞机集中在苏州机场，并设置了指挥所。这样既可以支援上海战场，又可以捍卫首都南京。这一动向引起日军注意，多次对苏州机场侦察，并轰炸机场。鉴于此，航空署决定将前进机场迁往杭州笕桥机场。

　　在"一·二八"抗战中，一位美国飞行员为了正义与人道，在抗击日军飞机中，献出了生命，他就是罗伯特·肖特。肖特原是美国陆军航空队的飞行员，1930年受聘美国波音航空公司，担任该公司出售给中国的"波音 -218"式飞机试飞员兼教练。1931 年 6 月，被南京国民政府航空署聘为军政部航空学校飞行教官。他到上海时，正值"一·二八"

▲肖特

抗战爆发，他亲眼目睹日本飞机在中国狂轰滥炸，无数手无寸铁的百姓死于血泊之中，心中对日本侵略者充满憎恨。同时，他也为中国第十九路军将士奋勇抗敌的英勇精神所感动，多次表示要与第十九路军并肩作战，抗击残暴的侵略者，维护人道和正义。

　　2 月 20 日，肖特驾驶"波音 -218"式战斗机从上海飞往南京时，与 3 架日机不期而遇。他在优势的日军面前毫不胆怯，勇敢地驾驶单机迎战。在 20 分钟的激战中，击伤日机 2

架，并安全飞抵南京。

▲ 肖特 X66W 号波音 218 座机

2月22日，肖特再次驾机在苏州上空与6架日机遭遇。在绝对劣势下，他充分发挥"波音"式飞机速度快的优势，反复穿插，机智地摆脱敌人，重点攻击日军长机，终将小方大尉驾驶的长机击毁。但终因寡不敌众，被日军击中，飞机坠落在苏州吴县车坊乡高店镇浮槽港口水中。年仅27岁的肖特，远涉重洋，自愿援助中国抗击日本侵略者，献出了自己宝贵的生命。噩耗传开，各地民众无不敬佩和感动，许多报纸报道了这一消息。为表彰他的援华抗战，中国政府特追赠他为空军上尉，并电请他的母亲和弟弟来华参加他的葬礼，以最高荣典将其遗体葬于上海虹桥机场附近。4月24日，上海各界为他举行隆重的追悼大会和公葬典礼。人们盛赞肖特，"所流热血，可作中美两民族之胶漆"。

击落肖特飞机的日军飞行员生田乃木次成为日本空战史上有击落纪录的第一人、日本空战史上的第一个荒鹫武士。对于肖特的死，他在后来的回忆录中提道："当年肖特义无反顾地咬住轰炸机不放，是因为不远处的苏州车站上，一列载满妇女与儿童的难民列车正要出站，而车站正是我们空袭的目标。"

肖特牺牲后的第四天，中国飞行员又一次以鲜血和生命为代价抗击了日本侵略者。

2月26日，6架日本轰炸机在9架驱逐机的掩护下，空袭杭州附近的乔司机场，中国空军航空第二队队长石邦藩和第六队分队长赵甫明分别驾"容克K47""可塞"式飞机首先迎战，广东航空第二队队长丁纪徐驾驶"容克K47"接着起飞，吴汝鎏、陶佐德、余彬伟、陈信源、刘沛然等也分别驾机升空。石邦藩在激战不久，左臂中弹，仍坚持用右手驾机兼发机枪继续作战，后在发动机中弹起火的情况下，紧急关闭电路、油门下降，安全降落。赵甫明驾机在第二次冲入敌编队作战时，遭3驾日机围攻，被击中胸部，迫降着陆。日机这次袭击，由于遭到中国空军的顽强抵抗，投弹命中率很低，没有取得预期的效果。

战斗结束后，石邦藩被紧急送到医院，结果截去左臂，成为一时很负盛名的"独臂空中英雄"。而赵甫明被送入医院，弹片深嵌肺内，需要及时手术，将肺伤一侧切除。当他得知后，深感手术后不能再为祖国效力，于是他拒绝手术，直到停止呼吸。为纪念这位英雄，国民政府将乔司机场改名为"甫明机场"。

"一·二八"淞沪抗战，中国空军飞行员满腔热血，勇敢顽强，但同时也暴露了中国空军武器装备落后、飞机机种杂、航速性能各异、缺乏统一指挥、配合不密切等不足，经过战斗损耗的飞机一时难以补充，南京政府电令全部机队撤到安徽蚌埠待命。

　　"一·二八"空军抗敌，使觉醒的中国人认识到航空的发展使战争进入到一个崭新的阶段，要打败日本侵略者，挽救民族危亡，中国必须建立一支强大的空军。

抗战初期争夺制空权

◎ 战前中日空军力量的比较

在 70 多年前爆发的那场人类历史上规模和残暴程度堪称空前的战争中，几乎所有的交战国都将制空权视为头等重要的大事。以侵占中国为最重要的目标的日本也不例外，在全面侵华前就已做好了充分的准备。

1935 年至 1936 年，日本的飞机年生产能力达 600 余架，全国共有飞机制造厂七家，主要是川崎、中岛、三菱等公司，其产品的性能均在世界上占有领先地位。三菱集团已开始组织技术人员设计 A6M1 型战斗机，即后来在袭击珍珠港时起了决定性作用的"零式战斗机"。至全面侵华前夕，日本的飞机厂家已可以满足空军前线作战的需要。

在全面侵华作战中，突击力最强的日本空军泛指日本陆军和海军的航空队，它们分别隶属于陆军和海军两个军种的司令部。这种隶属关系，使之能与地面部队和舰队作战行动较为密切地联合起来。

日本陆军航空队早在 1914 年、1928 年两次配合其他部队入侵中国山东，1931 年支援日本关东军侵占我国东北地区，1932 年支援地面部队参加了入侵上海的作战。1937 年 7 月，中日战争全面爆发后，日本陆军航空队立即改为战时编制，于15日编成空军兵团，任命日本第一个飞上天的飞行员德川好敏为兵团长。日本陆军航空队编制如下：

日本陆军航空兵团	驻东京
第一飞行团	驻岐阜
第一飞行联队（战斗机中队4个）	驻岐阜
第二飞行联队（侦察机中队2个）	驻岐阜
第三飞行联队（侦察机中队3个）	驻八日市
第七飞行联队（轻、重轰炸机中队各2个）	驻滨松
第十三飞行联队（战斗机中队3个）	驻加古州、会宁（黑龙江）
第二飞行团	
第六飞行联队（战斗机中队1个、轰炸机中队2个）	驻平壤
第九飞行联队（战斗机、轻轰炸机中队各2个）	驻会宁（黑龙江）
第三飞行团	驻台湾屏东
第八飞行联队（战斗机、侦察机中队各1个）	驻台湾屏东
第十四飞行联队（重轰炸机中队2个）	驻台湾嘉义
航空兵团直辖	
第四飞行联队（战斗机、侦察机中队各2个）	驻大刀洗
第五飞行联队（战斗机、侦察机中队各2个）	驻立川
关东军飞行团	驻长春
第十飞行联队（轰炸机、侦察机混合中队3个）	驻齐齐哈尔
第十一飞行联队（战斗机中队4个）	驻哈尔滨
第十二飞行联队（重轰炸机中队4个）	驻公主岭

第十六飞行联队（战斗机、侦察机各中队2个）　　　　驻牡丹江

第十五飞行联队（侦察机中队3个）　　　　驻长春

以上合计战斗机中队20个，侦察机中队15个，轻轰炸机中队6个，重轰炸机中队8个，轰炸机、侦察机混合中队3个。作战飞机总数900架，其中不包括日本陆军航空队的数百架训练飞机、运输机和研究飞机。

到1938年6月，日军为作战及便于指挥，在航空兵团司令部与飞机团之间，增设了飞行集团司令部，并将作战部队改为飞行战队，废除了联队和大队的番号，每飞机战队辖两到三个中队。在全面侵华战争初期，大部分力量投入华北战场。

日本海军航空队曾于1914年入侵过中国山东，1932年参加了侵犯上海的战斗。1937年7月11日，日本海军编成了对华作战的特设航空队，其兵力编成和部署为：

第一联合航空队

木更津海军航空队：轰炸机20架，由千叶县的木更津进至长崎县的大村、朝鲜南部的济州岛机场。

鹿屋海军航空队：轰炸机18架，战斗机14架，由鹿儿岛县的鹿屋进驻台湾的台北机场。

第二联合航空队

第十二航空队：轰炸机24架，战斗机12架，由大分县的佐伯进驻至大连周水机场。

第十三航空队：轰炸机18架，战斗机12架，运输机1架，由长崎县的大村进驻大连周水机场。

第二十一航空队：水上侦察机6架，由广岛县的吴港进驻华北。

第二十二航空队：水上侦察机 6 架，由长崎县佐世堡进驻华中、华南。

第一航空战队

战斗机 21 架，轰炸机 12 架，攻击机 29 架。

"龙骧"号航空母舰、"凤翔"号航空母舰，由佐世保港进驻上海以东约 135 公里的马鞍列岛附近水域。

第二航空战队

"加贺"号航空母舰，战斗机 12 架，轰炸机 12 架，攻击机 13 架，由朝鲜南部进驻马鞍列岛附近水域。

日本海军航空队还有相当一部分兵力留在国内，它的飞机数量不如陆军航空队，但它的装备、素质均比陆军航空队精良。全面侵华初期主要力量投入华东、华南战场。

日本投入中国战场的战斗机和轰炸机的性能在当时均属世界一流，不论是其航速、升限、转弯半径、巡航距离，还是载弹量、机上火力等，都是英、美、苏等其他国家的作战飞机无法相比的。全面侵华战争初期日本所使用的飞机有：

三菱 A5M 九六式舰载战斗机。这是日本的第一代金属单翼战斗机，时速 350 公里，装有两挺机枪，能在 6 分钟内爬升到 5000 米高度。该机于 1936 年正式投产。1937 年 9 月中旬，驻扎在上海公大纱厂临时机场和"加贺"号航空母舰上的九六式战斗机开始参加侵华战争。这种飞机以后又生产过九六式的各种改进型，直至后来被"零式"取代为止，共生产 1094 架。

三菱 G3M 九六式轰炸机。由三菱重工业公司研制，时速 315 公里，1936 年开始投产，以后生产了各种改进型，共生产 1000 架。抗战初期曾用于轰炸南京、杭州、南昌等地，九六式改进 G3M2 时速可达 373 公里，装有四挺机枪，机身后上方

有一座向后射击的炮塔，装有20毫米机炮一门，可载炸弹800
公斤。抗战后期这种飞机多改作运输机。

▲日本三菱13式舰载轻轰炸机

上述两种九六式飞机是全面侵华初期日本空军使用最多的
飞机。此外，还有爱知公司生产的爱知九六式舰载轰炸机，共
有428架，主要用于华东战场。

B4Y九六式舰载鱼雷攻击机。空技厂生产，共有200架，
主要用于华东、华南地区。

中岛A4N九五式舰载战斗机。中岛飞机厂生产，1936年
投产，共生产221架，初期也被用于侵华战争。一年后，该厂
又生产了中岛九七式战斗机，时速可达470公里，升限12250
米，性能更为优越。

日本当时侵占中国东北已达六年之久，东三省的铁、煤、
有色金属以及机器设备和劳工已被其掠夺和控制，日本的科技
水准已达到世界领先地位，不仅能够源源不断地制造各式飞机
供侵略战争之需，而且可以解决一系列的技术难题。

从飞行员看，日本的陆海军航空部队的飞行员，都受到严
格的正规训练，加上被灌输了武士道精神，作战极勇猛，而且
生性凶残，毫无人道。

当时中国空军的情况是怎样的呢？全民族抗战爆发前，中国空军还处于初建阶段，兵力十分薄弱。当时，中国缺乏自行生产飞机的能力，大部分飞机是向美国、意大利、德国等国家购买，不但价格昂贵，而且机型繁杂。主要飞机有：

霍克－2战斗轰炸机。由美国寇狄斯飞机公司1932年开始生产，时速304公里，升限7750米，航程460公里，装有两挺7.6毫米机枪。这种飞机在全民族抗战初期就已过时，仅第五大队第二十八中队和独立的第二十九中队还有12架。1937年9月21日，日本著名的"驱逐之王"三轮宽少佐，就在山西忻县空战中被中国空军第二十八中队队长陈其光驾驶此飞机击落。

▲天空中飞行的霍克－2战斗轰炸机

霍克－3战斗轰炸机。这是霍克－2的改进型，主要区别是起落架可收藏于前机身两侧。该机时速387公里，升限7864米，航程625公里，装有两挺7.6毫米机枪，机身下可装500磅炸弹一枚，两翼下可载18磅炸弹八枚。因此，这种飞机不仅用于空战，也可用来执行轰炸或火力侦察任务。该机是美国寇狄斯飞机公司生产的BF2C－1战斗轰炸机的出口型。1936

年3月19日从美国引进第一架，到1939年韶关飞机厂共仿造了44架，包括购买的在内总数达110架，成为全面抗战初期中国空军的主力，直到1940年仍有一部分在服役。

▲霍克－3 战斗轰炸机

波音281战斗机。美国第一代全金属单翼战斗机——波音P－26战斗机的出口型。1934年6月中国广东空军拥有11架，全面抗战初期编入第三大队第十七中队，曾先后进驻句容和南京基地，担任南京的防空任务。该机时速378公里，升限8600米，航程620公里，装有两挺7.6毫米机枪。1937年10月12日，在南京空战中，第三大队第十七中队中队长黄泮扬曾驾驶波音281战斗机将日本一架九六式战斗机击落于龙潭。

诺斯罗普－2E轻轰炸机。原为美国诺斯罗普飞机公司1933年研制的单发动机八座民航客机，因美国有关民航条例规定单发动机民航机禁止客运，该公司将其改为轻轰炸机。这种飞机为全金属结构，乘员两人，后座下方有一个可收放的侦察、轰炸观察舱。该机除少量是整机购进外，大多是杭州中央飞机制造厂仿造或装配的，共有45架，配属第一、第二大队使用。全面抗战初期，此轰炸机在轰炸上海日军及日舰的战斗中，发挥了很大的作用。

雪莱克 A－12 攻击机。美国寇狄斯飞机公司 1934 年研制生产的一种全金属张臂式下单翼攻击机，也可作双座战斗机或侦察机使用。该机装有四挺 7.6 毫米机枪，还有一挺旋转机枪供后射手使用。1936 年中国购入 20 架，大多在杭州中央飞机制造厂组装。全面抗战初期此机配属第九大队第二十六、第二十七中队使用，曾多次参加对长江日舰的低空攻击和轰炸上海日军汇山码头的战斗。1937 年 8 月 15 日日机 20 架袭击浙江曹娥，第二十六中队 5 架雪莱克 A－12 机起飞迎战，曾击落日本九六式轰炸机 4 架。

▲雪莱克 A－12 攻击机

马丁－139WC 轰炸机。美国马丁飞机公司研制的一种全金属双发动机中单翼轰炸机，时速 343 公里，与当时的战斗机相当，被认为是当时世界最好的轰炸机之一。1935 年中国订购 9 架这种飞机，1937 年 8 月全部运抵。全面抗战开始时有 6 架编入第八大队第三十中队（后改为第十四中队），给波音 281 战斗机护航参加轰炸上海日舰的战斗，后剩两架移驻成都。1938 年 5 月 19 日，空军第十四队队长徐焕升及第八大队第十九中队副队长佟彦溥驾驶两架马丁－139WC 轰炸机远征日本，撒下一百多万份传单。

此外，中国还有意大利的布瑞达－27 战斗机、菲亚特 CR －32 双翼战斗机、菲亚特 BR －3 轻轰炸机、卡波罗尼 －111 轰炸机、萨伏亚 S －72 轰炸机；德国的亨格尔 －111A 双发动机轰炸机、福克华夫 FW －44 双翼教练机、蓉克斯 K －47 双座战斗机；美国的可塞侦察机、道格拉斯双翼轻轰炸机、伏尔梯 V －11 轻轰炸机；英国的林柯克 －III 战斗机、德哈维兰－摩斯教练机；法国的布雷盖 －27/3 轻轰炸机等。其中有些飞机，因性能差而逐渐淘汰，有的转往内地，有的改为教练机，有的则改为运输机，如卡波罗尼 －111、萨伏亚 S －72。

全面抗战前，全国人民为发展中国的空军出了不少力，从 1933 年开始发行"航空奖券"，每期 500 万元，共发行 30 期，总数在 1 亿元以上。1935 年至 1936 年间发起的以给蒋介石祝寿为名的"献机祝寿"运动，共捐款 350 万余元。此外，还有海外华侨的捐款一县一机运动，义演献机等，其中不少钱被用于建立贵州大定（今大方）的飞机发动机制造厂。另有些钱，用于购买飞机，充实空军力量。

由于当时世界各国飞机制造业发展迅速，飞机型号性能的更新取代非常之快，担任航空委员会秘书长的宋庆龄提出暂停购买飞机，将购买飞机的经费存到香港的银行里，将来需要时再购买。七七抗战后，中国急需补充飞机，但此时日本封锁了大部分中国的领海，从外国购买的飞机运输途径被切断。中国空军很难补充新式飞机及其他航空器材。

全民族抗战爆发前，中国空军有飞行员约 620 人，飞机 600 余架，其中作战飞机 305 架。航空总站四个，分别在南京、南昌、洛阳和广州，其他机场 100 多处。当时中国飞行员缺乏空战的训练，多数场、站设备不健全，物资保障不足，地勤指挥能力较差。

在这种中、日空军力量对比悬殊的情况下，中国空军健儿带着对日本侵略者的满腔仇恨，凭着精忠报国的赤诚，在抗战中谱写了一曲曲辉煌的乐章。

◎ 八一四旗开得胜

1937 年 7 月 7 日，日军制造卢沟桥事变，开始了全面侵华战争，中国军队在卢沟桥奋起还击。中国军民开始了全民族抗战，炎黄子孙用血肉之躯，筑起了反侵略的长城。

七七抗战后，国民政府军事委员会将中国空军主力部队北调，部署在华北地区，准备出击华北日军。同时，将部分空军兵力部署在南京地区，担任首都的防空作战任务。为便于统一指挥，设立了空军前敌指挥部，周至柔任总指挥、毛邦初任副总指挥。具体编制是：

空军前敌总指挥部：
空军轰炸司令
第一大队（大队长曹文炳，副大队长张仲华）　　驻南昌

第一中队：中队长李赐祯，拥有轻轰炸机 9 架，教练机 1 架。

第二中队：中队长徐康良，拥有轻轰炸机 9 架。

第二大队（大队长张廷孟，副大队长孙桐岗）　　驻广德

第九中队：中队长谢郁青，拥有轻轰炸机 9 架。

第十一中队：中队长黄正裕，拥有轻轰炸机 9 架。

第十四中队：中队长赵廷珍，拥有轻轰炸机 9 架。

第八大队（大队长晏玉琮，副大队长?）　　驻南昌

第十中队：中队长张之珍，拥有轰炸机 12 架。

第十九中队：中队长谢莽，拥有轰炸机 6 架，教练机 1 架。

第三十中队：中队长石有信，拥有重轰炸机 6 架。驻吉安。

空军驱逐司令

第三大队（大队长蒋其炎，副大队长王天祥）　　驻句容

第七中队：中队长郝鸿藻，拥有驱逐机①9 架。

第八中队：中队长王天祥，拥有驱逐机 7 架。

第十七中队：中队长黄泮扬，拥有驱逐机 10 架。

第四大队（大队长高志航）　　　　　　　驻南昌、周家口

▲ 高志航

▲ 李桂丹

第二十一中队：中队长李桂丹，拥有驱逐机 10 架。

第二十二中队：中队长黄光汉，拥有驱逐机 9 架。

第二十三中队：中队长毛瀛初，拥有驱逐机 9 架，教练机

---

① 当时中国空军称战斗机为驱逐机。本书对苏、日、美等国的战斗机仍称战斗机。

1 架。

第五大队（大队长丁纪徐，副大队长马庭槐）　驻南昌、扬州

　　第二十四中队：中队长刘粹刚，拥有驱逐机 10 架。

　　第二十五中队：中队长胡庄如，拥有驱逐机 9 架。

　　第二十八中队：中队长陈奇充，拥有驱逐机 9 架，教练机 1 架。

　　独立第二十九中队：中队长何泾渭，拥有驱逐机 12 架。驻广东。

空军侦察司令

第六大队（大队长陈栖霞，副大队长陈怀民）　驻南京。

　　第三中队：中队长孙肖三，拥有轻轰炸机 9 架。驻杭州。

　　第四中队：中队长谭以德，拥有轻轰炸机 9 架、教练机 2 架。驻南京。

　　第五中队：中队长杨鸿鼎，拥有轻轰炸机 9 架。驻杭州。

　　第十五中队：中队长黄志刚，拥有驱逐机 9 架，轰炸机 7 架。驻南京。

第七大队（大队长陶佐德、副大队长杨亚峰）　驻西安。

　　第六中队：中队长金雯，拥有侦察机 9 架。

　　第十二中队：中队长安家驹，拥有侦察机 9 架。

　　第十六中队：中队长谭涛，拥有侦察机 9 架。

　　独立第三十一中队：中队长邓星纲，拥有轻轰炸机 9 架。驻西安。

第九大队（大队长刘超然，副大队长龚颖澄）　驻曹娥。

　　第二十六中队：中队长王汉勋，拥有攻击机 10 架。驻蚌埠。

　　第二十七中队：中队长孟广倍，拥有攻击机 10 架。驻蚌埠。

笕桥中央航校暂编大队（大队长陈有维）　　　　驻笕桥。

第三十二中队：中队长张伯寿，拥有轻轰炸机 9 架。驻笕桥。

第三十四中队：中队长邓堤，拥有驱逐机 9 架。驻笕桥。

第三十五中队：侦察机 9 架。驻笕桥。

独立第十三中队：中队长李逸阶，拥有轻轰炸机 7 架。驻徐州。

独立第十八中队：中队长杨一白，拥有轻轰炸机 9 架，侦察机 3 架。驻广东。

独立第二十中队：中队长敖源清，拥有轻轰炸机 9 架。驻汉口。

独立第三十三中队：拥有驱逐机 9 架。驻四川。

当时中国空军的飞机主要集中在南昌。1937 年 7 月底，各航空部队按计划转至华北及南京地区。

制造七七事变后，日本在向华北调集重兵，准备进行作战的同时，也在积极准备出兵上海，伺机把战争由华北扩展到华中。8 月上旬，日本海军向淞沪地区增派兵力，集结舰艇，上海形势十分紧张。8 月 9 日，驻上海日本海军陆战队中尉大山勇夫和水兵斋藤与藏，肆意驱车闯入上海虹桥机场警戒线内，与中国保安队卫兵发生冲突，被当场击毙。日军立即以此为借口，提出撤退保安队、拆除防御工事等无理要求，遭到中国政府拒绝。于是 8 月 13 日，驻上海日本海军陆战队向中国军队发动进攻，中国军队当即予以猛烈反击，淞沪抗战正式爆发。

日本海军向上海发动进攻时，其"特设航空部队"的计划为：陆上轰炸部队，集结于大村、台北及济州岛机场；"龙骧""凤翔""加贺"号等三艘航空母舰秘密集结于马鞍列岛水域，形成对上海及远地区攻击中国空军基地、城市和交通等目标的有利态势。攻击轰炸的重点目标为南昌、南京、句容、蚌埠、广德、杭州等地的机场；陆上轰炸部队负责远距离轰炸，舰上飞机负责对上海附近中国空军基地的攻击；其水上侦察机负责舰队的防空和协助地面部队作战。攻击轰炸的目标分配：第一联合舰队木更津航空队轰炸南京，鹿屋航空队轰炸南昌。"龙骧""凤翔"号航空母舰第一航空战队攻击轰炸杭州、虹桥。"加贺"号航空母舰的第二航空战队攻击轰炸句容、广德、苏州。水上侦察机，负责上海附近地区的防空及协助陆上部队作战。攻击时机，于陆军派遣部队在上海登陆之前根据情况实施空袭。

面对日军的增兵、集结，中国空军深感大战迫在眉睫，被迫改变原订的北上作战计划，抽调兵力南下，将主力向华东集结，以保卫首都南京及上海。

8月13日上午10时，中国空军前敌总指挥周至柔召集中国空军最高指挥机构航空委员会紧急会议进行作战部署。这些从未与外国侵略者进行过空战的空军高级指挥官们，知道自己军事生涯中最为关键的时刻已经到来，他们将身系民族安危，迎接生死考验。会议一直进行到14时，发出《空军作战命令第一号》：

一、上海之敌，约陆军7000人（编者注：实为敌海军陆战队4000多人），凭借多年暗中建筑之工事，及新近集中之大小兵舰约30艘，有侵占上海、危害我首都之企图。连日以来，敌水上侦察机两架或三架，陆续侦察我宁波、丽水、杭州、阜宁、海州诸地，其有无航空母舰在远海游弋，我正侦察中。

二、空军对多年来侵略之敌，有协助我陆军消灭盘踞我上海之敌海陆空军及根据地之任务。

三、各部队应于14日黄昏以前，秘密到达准备出击之位置，完成攻击一切准备。

四、各部队之出击根据地如下：

第九大队	曹娥
第四大队	笕桥
第二大队	广德、长兴
暂编大队	嘉兴
第五大队	扬州
第六大队第五中队	苏州
第六大队第四中队	淮阴
第七大队第十六中队	滁县
第八大队大校场	
第三大队第八中队	大校场
第十七中队	句容

五、各部队于明日（14日）开始移动，以 16 点至 18 点到达根据地为标准，其由现驻地出发时间，由大队长定之，已驻在各根据地之部队，可就地休养准备。

六、各大队可以大队或中队成队航行，但须避开省会及通商大镇，第四大队可在蚌埠加油。

七、每飞行员可带极简单之寝具。

八、到达后须迅速报告。

九、出动开始日时刻另行命令。

十、各大队长（第七大队长除外）于 14 日 10 时到京，面授机宜。

十一、余在南京航空委员会

右令

空军总指挥　　　周至柔

副总指挥　　　　毛邦初

根据此命令，中国空军主力南下，协助淞沪地区陆军部队作战。

8月14日，中国空军奉命出击，在恶劣天气中，正式开始对日作战，捍卫祖国的领空。

▲ 正在预备去摧毁敌人的我军轰炸机队

空军第五大队第一个接到命令，追击长江中向东逃窜的日军军舰。3时30分，第二十四中队长刘粹刚首先率领9架霍克-3驱逐机从扬州起飞，沿长江向东搜索。当飞机飞到吴淞口外时，发现敌舰，立即发动攻击，第一枚炸弹未中目标，副队长梁鸿云又投下第二枚炸弹。此弹击中日舰尾部，立刻升起了滚滚浓烟。上午9时许，大队长丁纪徐率领8架霍克机，自扬州飞上海，在南通附近击中一艘日驱逐舰。下午2时许，刘粹刚再次带领了3架霍克机飞往上海攻击日军据点。到达预定目标后，即俯冲投弹。副队长梁鸿云驾驶的 2401 号飞机被躲在云中的日机击中，梁鸿云身体多处中弹，在虹桥机场降落。后因伤势过重殉国。

驻安徽广德的第二大队的飞行员们，8 时许，在副大队长孙桐岗率领下，驾驶 21 架诺斯罗普式轻型轰炸机起飞，轰炸上海吴淞口的日军舰及公大纱厂、汇山码头等地的日军据点。下午 2 时 40 分，21 架飞机经补充弹药后，再次出动，轰炸公大纱厂、汇山码头及四川北路的日军上海特别陆战队司令部，多次击中目标。日军在高楼上架高射炮和机枪回击，第二大队 907 号飞机中弹，飞行员任云阁阵亡，飞行员祝鸿信驾驶伤机降落于安全地点。另一架飞机负伤后，在返航途中坠毁，飞行员张传谋牺牲。

▲8 月 14 日上午 10 时，我空军为配合地面部队的攻围战，轰炸黄浦江水面上的敌舰和陆上日军据点。

同一天，除第五大队和第二大队外，暂编大队第三十五中队和第三十四中队分别在队长率领下，出动飞机轰炸公大纱厂等地，多次命中目标。

至此，中国空军共出动飞机八批 76 架次，集中轰炸日军各重要目标，给敌人以沉重打击。

当天，受台风影响，东海海面的日本航空母舰上的飞机无法起飞，只有停在淞沪水面上的日本"出云"号等军舰上的几架水上侦察机升空，与中国飞机周旋，干扰中国飞机的轰炸行动。

为报复中国空军，日军命令驻台北的鹿屋航空队立即出击，组成两个九机编队，每机携带两枚各250公斤炸弹，分别轰炸杭州和皖南的广德机场。下午2时50分，这18架飞机起飞，飞过台湾海峡和温州上空，在到达浙江金华东南的永康时分开，分别飞往预定的目标。当日机袭击笕桥机场的时候，受到了中国空军的有力拦截，而进行此次作战的正是中国空军第四大队。

中国空军第四大队早于8月7日奉命调至河南周家口，8月13日又奉航空委员会秘令转至杭州，大队长高志航奉令赴南京接受作战任务。14日上午，第四大队接到大队长的命令，全队飞赴笕桥。下午，27架霍克-3式驱逐机冒雨先后飞抵笕桥机场。机队刚到机场，敌机逼近的警报就已拉响。从南京接受任务后赶来的大队长当即下令起飞，并跃入机舱，第一个驾机直冲蓝天。其他战机也先后起飞，向空中飞去。这时日机飞临杭州上空，第四大队的英雄们怀着有我无敌的气概，一齐向敌机冲去。在受台风影响，乱云飞舞的杭州上空，中日飞机展开了一场大厮杀。

高志航进云不久，即发现一架敌机，他在分队长的配合下，占据有利位置，将仇恨的子弹射向敌机，敌机中弹，拖着浓烟坠向地面。大队长高志航旗开得胜，在笕桥上空，在杭州上空，第一次绽开了空战胜利之花。他和战友们乘胜穷追敌机，接着飞行员梁添成又击落一架敌机。分队长郑少愚与队员配合，又居高临下先发制人，轮番向一架敌机攻击，又一架敌机坠落。

▲ 在杭州保俶塔附近，被我军击中的敌机着火坠落的一刹那。

正当战斗紧张关头，霍克飞机的余油警告灯亮了，飞行员们不敢穷追敌机，恋恋不舍地退出战斗，相继安全返航。

30 分钟的空中角逐，中国空军以 3∶0 的成绩，戳穿了日本空军不可战胜的神话。八一四空战充分表现了中国空军官兵英勇抗日的爱国精神。中国空军旗开得胜，鼓舞了中国军民的抗战激情，打击了日本侵略者的嚣张气焰，后国民政府明令颁布每年 8 月 14 日为空军节。

◎ 三个月的激战

八一四空战的胜利激励了中国空军，空军健儿们在作战中更加英勇。而日本不甘心全面侵华空军首战惨败，计划了更大的军事行动。中日两国航空部队展开了空前规模的激战。

在淞沪作战初期，日本海军在华东地区没有陆上基地，其航空队要从台湾、济州岛甚至日本本土的机场起飞，航程过长。而日本航空母舰及其他军舰上的飞机毕竟有限，尤其是轰炸能力不足。为此，日海军在入侵上海之初，就力图在上海开辟陆上机场，作为其陆上航空队的前进基地。日本陆军航空队起初也因没有机场而未能前来华东作战。针对这点，中国空军集中主力打击敌航空队，阻止日军在上海地区建立机场。

8月14日晚12时，中国航空委员会发布第三号作战命令。

8月15日，中国空军分八批进攻上海的日本海军陆战队和舰艇，第一批由第六大队第五中队队长杨鸿鼎领队，第二批由第六大队第五中队队员陈庆柏率领，第三批由第六大队大队长陈栖霞偕参谋长葛昌世率领，第四批由第五大队大队长丁纪徐率领，第五批由第二大队第十一中队队长龚颖澄率领，第六批由第五大队副大队长马庭槐率领，第七批由第七大队第十六中队队长谭涛率领，第八批由第四大队代大队长王天祥率领。但由于气候恶劣的关系，其中有三批未能到达目的地，中途折回。其余飞机机群在执行轰炸任务中未遇到敌机的阻截，安全返航。第七大队的一架飞机在轰炸日本海军特别陆战队司令部大楼时，被高射炮击中，飞行员聂盛友被击中头部，阵亡，该机被后座驾驶员汪汉淹驾驶返航。

日本海军不甘心8月14日在杭州上空的惨败，决定报复中国空军。15日，鹿屋、木更津航空队，"龙骧""凤翔""加贺"三艘航空母舰上的航空部队和"神威"水上飞机母舰全部出动，轰炸南京、南昌、杭州及上海等地的机场，企图消灭中国空军。当时，其作战实力情况为：

"凤翔"号：搭载战斗、攻击、轰炸机21架。该舰水线长

165 米，宽 18 米，排水量为 7470 吨，1922 年 12 月 27 日于横须贺工厂竣工。

▲8 月 15 日，中国空军飞机轰炸在上海黄浦江上的日军军舰。

"加贺"号：搭载战斗、攻击、轰炸机 52 架（最多可达 90 架）。该舰水线长 240 米，宽 32 米，排水量 38200 吨，1928 年 3 月 31 日于横须贺竣工。

"龙骧"号：搭载战斗、攻击、轰炸机 48 架。该舰水线长 175 米，宽为 20 米，排水量 8000 吨，1933 年 5 月 9 日于横须贺竣工。

"神威"号水上飞机母舰：搭载飞机 22 架。该舰水线长 151 米，宽为 20 米，排水量 17000 吨。1933 年 2 月改装为水上飞机母舰。

当时日本海军第三舰队司令官长谷川清给各航空部队下达的任务是：鹿屋航空队轰炸南昌机场，木更津航空队轰炸南京机场，"龙骧""凤翔"号航空母舰上的第一航空战队攻击和轰炸杭州、苏州及上海虹桥机场；"加贺"号航空母舰上的第二航空战队攻击和轰炸杭州附近各机场；"神威"号水上飞机母舰上的水上飞机攻击杭州机场。

▲"神威"号（KAMOI）水上飞机母舰

8月15日7时20分，驻台北的鹿屋航空队14架轰炸机起飞，攻击南昌机场；9时10分，木更津航空队的20架飞机从大村机场起飞，袭击南京。"加贺"号航空母舰上的各式飞机40余架，也飞往浙江乔司、绍兴、笕桥、嘉兴等机场进行轰炸。

面对日军的疯狂轰炸，中国空军升空迎敌。中国空军第四大队飞机21架从笕桥机场升空迎战敌"加贺"舰载机群。大队长高志航首先击落一架敌机。正当他向另一架敌机攻击时，左臂被流弹击中，他忍痛驾机返回基地。分队长乐以琴驾驶的2204号战机，冲入敌机群，先后击中四架敌机，使敌丧胆。此后，敌军飞行员见到中国2204号飞机就避开，不敢交锋。在这次激战中，中国空军击落10架敌机，再次给日军以沉重的打击。

同一天，袭击南京的木更津航空队遇到中国空军飞机及地面高射炮的拦截，被击落4架，击伤6架。这个组建于20世

▲淞沪会战中中国空军战斗机升空

纪30年代初，由日本顶尖飞行员组成、日本天皇亲自命名授旗的木更津航空队首次出战，损失过半。

在日军的轰炸中，首次遭到日本海军航空兵攻击的南京蒙受了重大损失。南京机场的飞机库及一些飞机被炸毁，军人和市民均有伤亡。

8月16日，华东地区的台风影响基本消除，日本航空母舰的飞机大批参战，中国空军在前两天作战中的优势地位已渐渐失去。日本海军航空母舰"龙骧"号和"凤翔"号上的舰载飞机起飞攻击了上海周围的嘉兴、虹桥、龙华等机场。中国空军奉命组织敢死飞行员，袭击日军航空母舰。

同一天，中国空军在句容上空同鹿屋航空队激战，在苏州上空与木更津航空队激战，分别击落鹿屋航空队飞机3架、木更津航空队飞机1架。

当天作战中，中国303号飞机被击伤，飞行员桂运光中弹阵亡，黄文模负伤后仍坚持把飞机安全降落在中国阵地后方，后终因伤势过重，于 9 月 7 日殉国。第三十三中队分队长黄保珊在嘉兴上空被敌机击落牺牲。

从 8 月 17 日起，中国空军每天都频繁主动出击，轰炸日军在虹口的阵地及黄埔江中的军舰，同时抗击日本空军，涌现出了奋勇杀敌、视死如归、以身殉国的英雄。17 日，阎海文在轰炸日军司令部时被高射炮击中，跳伞落入敌阵，自戕殉国。19 日，沈崇海在座机发生故障后，冲向敌舰，壮烈牺牲。

在淞沪会战初期，中国空军多次主动出击，给予侵华日本海军舰船和陆战队一定打击，支援了地面部队。在 8 月 14 日至 16 日三天中，号称"虎之子"的日本海军第一联合航空队 38 架新型九六式陆上攻击机竟损失 18 架，日军极感震惊。然而，由于客观上中国海军与日本空军相比处于劣势，因而在上海战场上，制空权一直操于敌手。

为配合地面部队，8 月 20 日，中国大本营下达的《国军战争指导方案训令》中规定，空军的任务是"应集中主力协同陆军，先歼灭淞沪之敌"。当日下午，第八大队第十九中队，从汉口出发，飞至上海江湾轰炸敌军指挥部。

8 月 21 日 5 时，敌机 6 架偷袭扬州机场，第五大队驱逐机升空迎敌，击落敌机 4 架。但在机场上停放的 4 架中国飞机被敌机击毁。同一天，第五大队、第二大队、第四大队分别轰炸指定的目标。

8 月 22 日，面对增援淞沪地区的日军开始在吴淞口附近登陆，第四大队代理大队长王天祥率领两个队的 18 架霍克飞机，飞往上海浏河一带，轰炸登陆部队。日航空母舰上的飞机及其他军舰舰载飞机同时迎战。王天祥在击落两架敌机后，座机中弹，身负重伤，后英勇牺牲。

8月23日，日军已在吴淞口登陆，并派陆上攻击机奔袭南京、安庆、宁波等处，以牵制中国兵力，并以航空母舰及其他军舰上的飞机掩护登陆。中国空军第四大队第二十二中队队长黄光汉率第三、四、五大队的19架飞机，飞向上海吴淞口一带，轰炸登陆日军及敌军舰、运输舰等；第三大队第十七中队队长黄泮扬率7架波音机，担任掩护。在吴淞口与敌机遭遇。在激战中，击落敌机2架。中国空军损失一架战机，分队长秦家柱阵亡。

8月24日，日本航空母舰上的105架飞机全部出动，轰炸中国军队阵地，中国官兵伤亡极大。8月25日，日军第3师团登陆后，以主力向上海西北的罗店镇进攻，中国空军第九大队大队长刘超然率4架雪莱克机，自南京飞往罗店，攻击日军。同时驻汉口的第八大队大队长谢莽也率5架飞机飞赴上海助战。另外，中央航校暂编大队第三十四中队分队长也率两架飞机飞沪参战。在到达上海时，发现狮子林江面有24艘日军舰，立即投弹多枚，并俯冲扫射。日本海军的飞机起飞迎战。

同一天，中国第六大队第十五中队飞行员高漠自杭州单机出动，轰炸上海虹口敌阵地，日军高射炮和飞机皆向他攻击。他奋不顾身，投完全部炸弹后才返航。此时他已受重伤，后因流血过多而殉国。9月3日，中国空军第四大队继续出击，在江苏上空同敌机相遇，展开了激烈的空战。

至9月中旬，中国空军为配合地面部队与日军进行了一系列作战，双方均付出了惨重的代价。随着中国陆军放弃第一道防线，退守江湾、罗店、浏河一带，日本航空队得到陆上基地，实力倍增。而中国空军飞机因为战争消耗很大，又难以补充，出动的次数和架数逐渐减少，只能进行夜袭和担任各机场的防空任务。

▲地面日军对中国空军的轰炸机开火射击

同一期间，中国空军除了集中主力在华东同日本海军航空兵作战外，还派出部分兵力担任华北、华南战略要点的防空任务，并支援地面部队。

在华北方面，继平、津沦陷之后，日军开始西进、南下，华北战事告急。9 月 14 日，中国空军组成北正面支队，第六大队大队长陈栖霞为司令，司令部设在大同。从 9 月 16 日至 10 月底，北正面支队对晋北、大同、平型关、阳明堡、崞县、原平、平汉铁路等地的日军轰炸 40 余次，击落日机 3 架。9 月 21 日，14 架日军轰炸机在 8 架驱逐机掩护下空袭太原。中国空军第五大队第二十八中队的 4 架驱逐机和笕桥中央航校 3 架驱逐机一起应战。当时空军力量对比悬殊，但中国空军勇士们沉着勇敢，时时寻找战机。第二十八中队中队长陈其光击中日军三轮宽少佐战机，该飞机迫降在麦田中，被当地农民群众包围击毙。三轮宽是日本空军中较老的飞行员，隶属关东军飞行集团，七七抗战后，他率大队由牡丹江飞抵天津，曾多次率队攻击轰炸南苑、北平西郊、保定、石家庄、张家口、大同等地，被日军称为"射击之王""攻击能手"，竟成为最先丧命的日本陆、海军"四大天王"之一。

　　10月25日，中国空军第二十四中队派了3架驱逐机赴山西，配合地面部队反攻娘子关；26日，中队长刘粹刚率队从南京出发，在途中，他驾机不幸撞在山西高平县城东南的魁星楼，牺牲。

▲刘粹刚坠机现场

　　在华南方面，8月31日，日机首次空袭广州。中国空军第二十九中队的 8 架霍克机起飞迎敌，并击落敌机 1 架，击伤 1 架。此后，日海军航空队经常袭击广东各地，日军舰艇也封锁了东南沿海。中国空军派出飞机沿海搜索，轰炸敌舰。9 月 13 日至 18 日，中国空军出动 8 次，共炸沉敌舰 3 艘，对遏制日本海军对华南的侵略起了一定的作用。

1937 年 9 月 18 日是中秋节，也是九一八事变六周年。为了洗雪耻辱，向侵略者复仇，中国空军当晚调动了所有能出动的飞机，对上海日军进行大轰炸。同时驻浦东的中国炮兵也配合空军轰击黄浦江上的日军军舰。这次夜袭给日军以极大的打击，堆放在码头及仓库里的军用品损失达 700 万元。此役，中国空军第四大队一架战机被日军高射炮击中，飞行员李有干牺牲。

9 月 19 日，日本海军航空队对中国空军进行报复，调集了 30 架飞机袭击南京。中国空军从南京共起飞 21 架飞机拦截，击落敌机 1 架，击伤 3 架。中国飞机损失严重，飞行员黄居谷、刘炽徽、刘兰请、戴广进等在作战中阵亡。此后，日军出动飞机连续轰炸南京重要目标，中国空军顽强迎战。仅在 9 月间，中国空军共出击 46 次，空战 15 次，击落敌机 20 架，击中敌舰船 38 艘，同时损失飞机 36 架。

在日军"四大天王"之一三轮宽被击毙后不到一个星期的 9 月 26 日，担任日海军第十三航空队分队长的另一个"天王"山下七郎从上海公大机场起飞，掩护机群轰炸南京，被中国空军击中，最后，他难以继续飞行而迫降于苏州以东。他和他所驾驶的"九六"式第 126 号舰载战斗机一齐被捕获，成为唯一被中国军队捕获的"四大天王"之一。后在对其审讯时，他以求饶的神态供出他所犯罪行，与其他日俘一起被押送至四川战俘管理所。关押期间，他搜集中国军事情报并组织越狱，

1945 年被处以死刑。

10 月，中国空军飞行员继续与敌作战，空战 15 次，击落敌机 7 架，击中敌舰 3 艘，损失飞机 25 架。经过两个月的战斗，中国空军的飞机已损失大半，原有的 300 余架作战飞机仅剩 81 架，其中还有不少待修的。而日本陆、海航空队都不断获得补充。10 月 26 日，守卫在上海的中国陆军遭到 150 架日机的轰炸，损伤巨大。此时的中国空军力量过于薄弱，无法突破敌军的空中防线前来作战。

11 月 5 日，日本陆军开始在杭州湾北岸进行大规模登陆。为保证此次行动成功，日本陆军派出了侦察机独立第六中队，海军动用了第一、第二、第三航空战队和第一、第二联合航空队，共 233 架各类飞机予以全力支援。

11 月初，中国军队不得不放弃原有阵地，淞沪战事从防守转入撤退。12 日，上海陷落。

中国空军初期抗战，是在没有外援情况下独立进行的。经过三个月的作战，击落、击毁日机 230 架，击毙日飞行员 327 人，其中高射炮部队击落 37 架，陆军袭击敌机场击毁 54 架。

中国空军在没有外援的情况下，在三个月抗击处于优势的侵略者，写下了英勇悲壮的篇章。但由于敌强我弱的客观形势，中国空军损失惨重，主力损失惨重，基本上失去了作战能力。

中苏勇士并肩作战

正当中国空军处于最困难的时候，苏联给予了大力的援助，使中国空军得以继续坚持抗战，可谓雪中送炭。

在历史上，国民政府与苏联的关系几起几落。1917 年 11 月 10 日，孙中山领导的中华革命党机关报——《民国日报》最早报道和赞扬俄国十月革命。1923 年，双方发表宣言，互相支持。1924 年两国恢复外交关系，在孙中山联俄、联共、扶助农工的新三民主义的政策下，国民党与苏联关系发展迅速。1927 年，中国共产党发动的广州起义失败后，国民党掀起反共反苏浪潮，并于 12 月 14 日宣布与苏联断交。1929 年 7 月，苏联也宣布与中国断交。

1931 年，日本发动九一八事变后，占领东三省，引起了苏联的警觉。双方出于各自的需要，于 1932 年 12 月恢复外交关系。1934 年，蒋介石认识到，一旦抗战全面爆发，中国将难以从海上航线获得外援，因而派清华大学教授赴苏，同苏联外交副人民委员斯托莫里雅科夫密谈，希望改善中苏关系，获得军事援助。经多次接触，苏联也从自身防卫的需要出发，愿意援助中国抗日。

1937 年全面抗战开始后，中国政府感到情况严重。8 月 20 日，蒋介石致电驻苏联大使望其与苏政府交涉，急需驱逐机与重型轰炸机。8月21日，中苏正式签订了《中苏互不侵犯条约》，同时签订了中国从苏联购买武器的借款协定。苏联政府开始向中国提供物资援助，并决定派遣军事专家与空军志愿队来华作战。10月，开通经兰州到汉口的航线，随即由254名飞行员和机械人员组成第一批苏联空军志愿队，驾驶21架CB轰炸机、23架Ｎ－16战斗机来华。途中库尔丘莫夫因飞机失事殉职，改由普洛柯非也夫率领。10月21日，第二批由447人组成的空军志愿队，又在阿拉木图集中，出发来华，与第一批人员共组成四个大队，拥有飞机124架。11月，由波留宁率领的第二批CB轰炸机来到中国，驻扎汉口机场。12月底，由布拉戈维申斯基率领的Ｎ－15战斗机大队分三批来华，驻扎南昌机场。后来，汉口和南昌就成为苏联空军志愿队的中心基地。苏联飞行人员和地勤人员不定期地由国内派人替换。

▲中苏飞行员在汉口机场

抗战期间苏联援华飞机种类

型号	机种	马力	最大时速 （公里）	升限 （米）	续航距离 （公里）	武备
N-15	战斗机	700	360	12000	750	机枪 7.6mm ×4 炸弹 100 公斤
N-16	战斗机	1000	480	11000	650—800	机枪 7.6mm ×4 炸弹 100 公斤
CB	轰炸机	860 ×2	480	10000	1650—2000	机枪 7.6mm ×3～4 炸弹 1000 公斤
IIB	轰炸机	1000 ×2	430	9700	3800	机枪 7.6mm ×3～4 炸弹 1000 公斤

　　1937 年 9 月 21 日，中国空军第四大队将剩余的飞机交给第五大队。11 月派飞行员赴兰州，陆续接收从苏联购买的飞机。从此，中国空军又获得了新的生命力。

　　根据中国政府的要求，苏联还派了一批军事顾问和专家来华，1938 年 5 月第一批有 27 人，到 1939 年 10 月增加到 80人，他们当中有空军高级顾问日加列夫、留恰哥夫等。苏联专家帮助中国建立了航空供应站和飞机修配厂，在新疆开办了航空学校，训练中国飞行员。

　　苏联空军志愿队来到中国后，与中国空军健儿并肩作战，抗击日本侵略者。

◎ 守卫南京

　　日军占领上海后，乘淞沪会战中国军队撤退之机，分兵进逼南京，并于 1937 年 12 月 1 日下达了攻占南京的命令。

　　1937 年 11 月底，由普洛柯非也夫率领的首批苏联空军志愿队的 N－16 战斗机首先到达南京，12 月 1 日即投入战斗。当时，日军正沿着京沪线向南京推进，频繁袭击南京。这天苏联空军志愿队战斗机五次升空，迎击日机，并击落日机 3 架。经过重新装备的中国第四大队也出动飞机，拦截来袭南京的日机。

▲苏联空军援华志愿航空队王牌飞行员们

　　在这一天的作战中，苏联空军志愿队损失一架飞机，飞行员安德列也夫牺牲。中国飞行员敖居贤也在作战中阵亡。

　　12 月 2 日，科兹洛夫率领 9 架苏联志愿队轰炸机从南京出发，轰炸了上海的日军机场和黄浦江上的日舰船，炸毁了 1 艘日舰和 6 艘日军船舶。志愿队的一架轰炸机被日军高射炮击中，领航员彼德罗夫牺牲，驾驶员萨洛尔负伤后，忍痛驾机返回。当天中国空军第四大队第十九中队的 5 架轰炸机也袭击了长江口的敌舰，炸毁敌运输船 1 艘。在返途中，损失 3 架飞机。

　　12 月 3 日，日军陆军独立飞行队和海军航空队的 37 架飞机联合突袭南京。中国空军第二十一中队中队长董明德和乐以琴驾机与苏联空军志愿队一起升空拦截敌机。这是一场悲壮的战斗，敌我力量悬殊，乐以琴遭到十几架敌机的重重包围，但他以漂亮的动作甩开众敌之围，致使两架敌机互相碰撞。在众寡悬殊的情况下，乐以琴战机不幸失去控制，他被迫跳伞，不幸坠地，年仅22岁，曾让敌人丧胆的空中英雄，为保卫祖国而壮烈地牺牲了。

在1937年11月至12月上旬的南京保卫战中，中、苏飞行员击落敌机20架，并对侵犯南京的日军实施了多次袭击。但是终因力量有限，在日军攻入南京前夕，中国空军撤往汉口、南昌、襄樊等地，苏联空军志愿队也移驻南昌、汉口和兰州。12月13日，南京失守。

1937年12月底，苏联志愿航空队大批飞机来到中国，力量有所增加。中、苏飞行员不甘心日军对南京的占领，曾多次袭击日军航空队占据的南京飞机场。

1938年1月2日，苏联空军志愿队的轰炸机大队由大队长波雷宁率领，从汉口起飞，轰炸南京日军机场，炸毁敌机20多架。在日军炮火的反攻下，苏联飞行员符多维英、射击士柯斯大林金、领航员弗洛罗夫阵亡。波雷宁座机被击伤后，迫降在芜湖附近，在当地民众的热情帮助下，波雷宁安全返回汉口。

1月26日，苏联空军志愿队由马琴率领，再次轰炸南京日军机场。他们巧妙地避开日军的防空监视哨，突然出现在南京上空，炸毁了多架停在机坪上的日军飞机。在返航时，多架日军战斗机追来。在作战中，又击落4架日机。苏联空军志愿队的一架飞机也被击落于芜湖附近。

3月12日，南京失陷后的第一个孙中山逝世纪念日。这天，中国空军第三大队第二十五中队队长汤卜生独自驾驶美式侦察机，低空飞入南京上空，在中山陵上空盘旋数周，以示谒陵。南京的同胞亲眼看见了中国空军还在祖国领空巡卫。

◎ 保卫南昌

南昌，中国空军的重要基地，有两个设备健全的机场和一个飞机制造厂。中国空军第三、第四、第九大队各一部和苏联空军志愿队科兹洛夫任大队长的轰炸机大队、布拉戈维申斯基任队长的战斗机大队在此驻防。

由于南昌的重要地位，从 1937 年 12 月 9 日至 1938 年 8 月 4 日，日军海军第一联合航空队、第二联合航空队、第十二航空队、第十五航空队、鹿屋航空队多次重机袭击轰炸南昌。中、苏飞行员英勇抗击，给敌人以沉重打击。被日军称为"四大天王"中的两大天王都是在此期间被击落的。

▲这架日军第十三航空队飞行员樫村宽一三的座机，在南昌空战中被中国空军打掉了二分之一个机翼。

1938 年 1 月 7 日，被日军称为"东方武士"的潮田良平分队长率领日本海军第十二航空队的 9 架战斗机，掩护木更津航空队的 12 架轰炸机，由南京大校场起飞攻击南昌新机场，中、苏飞机起飞拦截。中国空军第五大队飞行员驾驶苏制 N－15 式战斗机，一串机关炮将潮田的飞机击落，潮田来不及跳伞，随坠毁飞机毙命。日本海军的一名"天王"作了异乡之鬼。

日海军第十五航空队飞行队长南乡茂章，是一个空中经验丰富的飞行员，他曾在安庆附近的一次空战中，在飞机的汽油泵被打坏的情况下，依靠娴熟的驾驶技术，飞行了近两个小时，而后回到机场落地。但这个经验老到的"四大天王"之一也没能逃过中国空军健儿的攻击。7 月 18 日，日海军第十五航空队 6 架战斗机掩护 14 架轰炸机、5 架攻击机，在南乡茂章带领下，由安庆起飞轰炸南昌。中、苏空军勇士起飞迎敌，大战于南昌上空。中国空军第三大队队长罗英德将南乡茂德的座机击落于南昌。

在抗击日海军陆战队对南昌的攻击中，中、苏飞行员表现英勇，不少勇士在作战中牺牲。1937 年 12 月 9 日，中国空军第九大队第二十六中队飞行员周克彝殉国，第八中队飞行员关中杰跳伞后，被日机扫射身亡；12 月 14 日，第二十六中队飞行员杨晴舫牺牲；1938 年 2 月 25 日，苏联航空队斯米尔诺夫等三人牺牲；6 月 26 日，苏联飞行员斯拉维克在空战中阵亡；7 月 4 日，中国第四大队飞行员信寿巽、张志超在空战中牺牲；7 月 18 日，中国飞行员黄莺为援救苏机领队巴比洛夫，不幸牺牲。

至 8 月 4 日，在敌机的多次轰炸下，南昌居民死伤惨重，城市市民大量迁移，南昌机场遭到严重破坏，驻守南昌的中、苏航空队被迫转移到高安、上高等机场。

◎ 袭击台湾日军机场

1938年2月23日是苏联红军节，为了庆祝这个节日，苏、中空军决定出敌不意，攻击日本海军台北松山机场。松山机场是日军的重要航空基地，经长期建设，规模已颇大，且民航设备先进，维修能力强，又有充足的后勤保障。这里驻有一个航空团，日本海军航空队多次从这里起飞，轰炸中国大陆，对中国空军威胁很大。

2月23日清晨4时，中国和苏联混合编队的飞机由汉口起飞，向东飞去。进入航线后，机群爬高万米以上，已接近当时的最高升限，隐蔽接近目标，飞至台湾海峡上空后，机群高度下降至3000米向台湾搜索。早晨8时许，机群发现目标，飞机下降至300米，对机坪上的日军飞机、油库、飞机库、修理厂和塔台开始攻击，怒吼着向目标扑去。日军完全没有料到中苏飞行员能越海袭击，毫无戒备。当中苏空军第一攻击群攻击了塔台后，日军指挥系统瘫痪，机场一片混乱，连防空炮火都无法组织，更不要说升空迎战了。在这次行动中，共炸毁日机12架，兵营10座，机库3座，烧毁了可使用三年的航空油料及其他装备，使松山机场陷入瘫痪。

中苏航空队完成任务后，转头向西北方向返航，安全返回基地。这是中国空军的首次远征大捷！当时武汉和重庆各主要报纸均以显要位置报道了这次成功的奇袭，在武汉召开了庆功会，参加作战的飞行员全部受到嘉奖。而日本占领军台北警备长官和松山机场的指挥官，则受到了撤职处分，被双双送上了日本军事法庭。

▲苏联志愿航空队驾驶的轰炸机在汉口机
  场进行挂弹

◎ 徐州作战

　　日军占领南京后，又于 1937 年 12 月 24 日和 27 日相继占
领了杭州和济南。为了连接华北、华中战场，实现迅速灭亡中
国的侵略计划，日军决心以南京、济南为基地，从南北两端沿
津浦铁路夹击徐州。中国第五战区部队在李宗仁的指挥下，与
敌作战。从 1938 年 1 月下旬开始，中、日军队在徐州一带展
开了大战。

为充分发挥中国空军的作用，配合陆军协同作战，1938年3月，空军前敌总指挥撤销，另设三路司令部：第一路司令部驻南昌，由张廷孟任司令，协同第三、第五战区作战；第二路司令部驻广州，由刘芳秀任司令，协同第四战区作战；第三路司令部驻西安，由田曦任司令，协同第一、第二战区作战。

1938年3月，中国空军加入了徐州作战，配合地面部队。3月18日，中国空军第三大队第七、八两个中队的N-15驱逐机从归德（今河南商丘）出发，在敌人未醒悟之时，子弹已向敌军射出，敌军狼狈之极，中国士兵欣喜若狂，挥舞枪支向空军致意。这时日军的侦察机和轰炸机各一架起飞。第七中队分队长欧阳森立刻率领3架驱逐机攻击。在激战后，两架日机先后坠毁。在徐州指挥作战的中国第五战区司令长官李宗仁闻讯后，对空军大加赞赏。

3月24日，中国空军第三大队大队长吴汝鎏率14架N-15驱逐机自归德出发，轰炸临城、韩庄一带的日军。在完成任务返航时，遇到日军陆军第十六飞行联队第二大队18架战斗机的有预谋的袭击。在日机占有高度优势的情况下，中国飞行员并不示弱，与敌展开激战，并击落击伤敌机3架。中国空军第三大队长第八中队长何信、分队长莫休、李膺勋牺牲。

4月6日，在台儿庄战役中惨败的日军，向峄县、枣庄一线退却。4月10日，中国空军第三、第四大队共18架战斗机从归德起飞，追歼枣庄的日军。在返航时，遭到日军伏击。中国空军与日机展开激战，击落日机两架，并将日本陆军的"王牌"飞行员加藤建夫击毙。加藤建夫是日本陆军航空队第一中队的中队长，非常狂妄，自称击落过8架中国飞机，并向中国飞行员下过战书，声称：欢迎中国空军战斗机来日占机场上空一决胜负。中国空军健儿将其击毙，是对他战书最好的答复。是役，中国飞行员孙金鑑、梁志航阵亡。

5月，日军加强了对徐州、郑州等地的轰炸。5月12日，54架日本飞机轰炸徐州。5月14日，70多架日机再次狂炸徐州。交通银行、花园饭店、电厂、邮局等均被炸毁。5月15日，日军又出动100多架飞机连续狂炸徐州。这期间，中国空军也主动出击，轰炸了永城、蒙城等地的日军，扫射了由山东濮县董口集渡黄河登岸的日军，有力地配合了地面陆军作战。

5月20日，为掩护从徐州一带撤退的中国军队，中国空军第五大队第十七中队中队长岑泽鎏率10架驱逐机飞至河南兰封（今兰考）上空准备投弹时，被日陆军第二飞行大队二十四架飞机从两面围住。中国飞行员与敌展开殊死搏斗。因力量悬殊，中国飞机被击落6架，飞行员丘戈、汤威廉、张沿仁、朱均球、冯汝如、赵茂生阵亡。

◎ 武汉大空战

1937年12月13日，南京失陷。国民政府迁都武汉，后又迁都重庆。但武汉三镇地处要冲，国民政府军事委员会和各重要机关都设在此地，是当时的政治、军事指挥中心和抗战物资的集散地，战略地位极其重要。因此，日军大本营在攻下南京以后就开始研究进攻武汉的作战计划，一面调集大军向徐州进攻，一面命令航空兵团，加强对武汉实施狂轰滥炸，为大举进犯武汉作准备，并于1938年6月开始全面进攻武汉。在日军进攻武汉的整个过程中，中国空军在苏联空军志愿队的配合下，与日军展开激烈战斗。

（一）武汉三次大空战

自 1937 年 11 月起，中国空军陆续改用苏联援助的 N -15、N -16 驱逐机和 CB -2 型轰炸机。中国空军第三、第四及第五大队和苏联空军志愿队波雷宁指挥的 31 架轰炸机、伊万诺夫指挥的 54 架战斗机驻守武汉、孝感等地。当日军飞机对武汉轰炸、袭击时，中、苏空军勇士并肩作战，给予侵略者以迎头痛击。其中规模最大的是二一八、四二九、五三一等三次空战。

1938 年 2 月 18 日中午，日本海军第一联合舰队的 12 架轰炸机在第二联合舰队的 26 架战斗机的掩护下从南京、芜湖等地一批批溯江而上，疯狂地扑向武汉。中国空军第四大队代理大队长率 N -15 式驱逐机 11 架，第 21 中队队长董明德率 N -16 式驱逐机 10 架从汉口机场起飞，第 23 中队队长率 N -15 式驱逐机 8 架从孝感机场起飞，在 150 多万武汉市民的焦急期望的视线中，与日机展开机对机、枪对枪的厮杀。经过 12 分钟的恶战，日军 11 架战斗机、1 架轰炸机被击落，空袭指挥官大尉坠机身亡。短短的 12 分钟，中国空军为国争了光，为武汉的同胞出了一口气，在中国空军战斗史上写下了光辉的篇章。

▲1938 年 2 月 18 日，日军飞机来袭，中国空军迎头痛击。图为参与空战的全体将士在机场留影。

在这场壮烈的大空战中，中国空军也付出了血的代价。损失飞机 5 架，年轻的大队长李桂丹献出了宝贵的生命。

4 月 29 日是日本"天长节"，即天皇生日。日军想以空捷为天皇祝寿。经过苦心筹划，日海军第二联合舰队出动了由小园少佐指挥的 27 架战斗机和棚町少佐指挥的 18 架攻击机袭击武汉，企图炸毁中国空军基地和汉阳兵工厂等主要军事目标。

下午 2 时 30 分，日机进入武汉空防警戒范围，三镇警报同时响起，中国空军第三、第四、第五大队和苏联空军志愿队共 67 架飞机，立即从汉口和孝感机场起飞。其战斗方针是：以 Ν－16 式机群保卫武汉上空，主要对付轰炸机，以 Ν－15 式机群在武汉东北方向巡逻，拦截引诱日机脱离轰炸机群，使我方攻击奏效。这场空战共进行了 30 分钟，击落日机 21 架，其中战斗机 11 架，轰炸机 10 架，分别坠于黄冈、梁子湖、徐家棚、青山、段家店、湛家矶、洪山附近和武昌东郊纸坊、豹子湖、刘家庙及青山至阳逻沿江一带，50 多名飞行员被击毙，2 名跳伞后被俘。中、苏空军也损失了飞机 12 架。

在这次空战中，年轻的飞行员陈怀民表现英勇，他以身作弹，猛冲敌机，与敌机同归于尽。他的英勇壮举，激励了天空中的飞将军们，一架架战鹰吐出复仇的炮火。飞行员信寿巽座机中弹 70 多处，机身着火，他冒着生命危险将飞机平安降落在机场上；苏联飞行员舒斯捷尔在空战中牺牲。四二九空战给日军以沉重的打击。

空战结束后，武汉三镇顿时沉浸在一片祝捷的热浪之中，人群涌向王家墩机场，热情慰问凯旋的飞将军。

日海军航空队对于天长节的惨败不甘心。5 月 31 日，18 架轰炸机在 36 架战斗机的掩护下，袭击武汉。中午 12 时许到

达武汉上空。苏联空军志愿队和中国空军共 48 架飞机分别在
1500 米和 2500 米严阵以待，构成立体纵深的空战阵势。日机
见到早有准备的中国飞机，掉头东窜。中苏飞行员利用高度优
势，乘机向敌发起攻击，近百架飞机在空中展开了激战。许多
武汉市民不顾空袭警报，纷纷跑出防空掩体，观看空战。在空
战中，苏联飞行员金加也夫率先击落一架敌机。苏联飞行员古
班柯在击落一架敌机后，在机枪子弹已用完的情况下，开足马
力向一架敌机撞去，将敌机机翼撞断坠落，而他却以高超的飞
行技术，操纵负伤的飞机安全降落。

▲观看空战的武汉市民

空战持续了 30 分钟，击落日机 14 架。中国飞行员张效贤
殉国，苏联飞行员卢拜被敌机击落，英勇牺牲。

三次武汉大空战，共击落日机 47 架。中国空军和苏联志
愿航空队紧密配合，谱写了一曲英勇的颂歌。

（二）武汉会战中的空战

日本攻占徐州后，原想打通津浦线，截断陇海路，夺取郑

州后再南下夺取武汉。由于中国军队在花园口决堤，使日军被迫改变计划先进攻武汉。日本大本营以煛俊六大将任司令官，指挥华中派遣军第二军、第十一军、直属兵团和航空兵团，从北、东、南三个方向，分道合击夺取武汉。针对日军的作战企图，中国军队以武汉为中心作了新的部署：第一战区程潜部驻防信阳以北平汉线以西地区，阻止华北日军南进；第五战区李宗仁部驻防大别山，负责长江以北防务；第三战区顾祝同部驻防湖口以东的江南地区，阻止日军西进；第九战区陈诚部，负责武汉以东的江南防务；空军和海军相机配合陆军作战。1938年6月12日，日军溯江西上，攻占安庆，拉开了武汉会战的序幕。双方分别在武汉周围或武汉地区部署大量航空部队，在武汉会战期间进行了激烈的空战。

日本陆军航空兵，由航空兵团司令官德川好敏中将率第一飞行团，团长寺仓正三少将，驻合肥、安庆；第三飞行团，团长菅原道大少将，驻安庆、彭泽；第四飞行团，团长藤田朋少将，驻彭泽、南京、上海。陆军航空兵团装有各型飞机400余架。海军航空兵，由第一联合航空队司令官户冢道太郎率所属部队参战，装备有轰炸机30架。

日本陆、海军航空部队进攻武汉时的任务区分是：

华中派遣军所属第十一军沿长江两岸，第二军沿大别山以北经信阳进攻武汉时，由陆军航空兵团负责空中支援。

日本舰队溯长江进攻，并协同陆军进攻武汉时，由海军第一联合舰队负责空中支援。

陆军航空兵与海军航空兵须密切联系，打击中国空军并轰炸其要地，陆军航空部队以支援陆上作战为主，海军航空兵主要协同水上作战。

当时中国空军在武汉的兵力部署是：

空军第一路（轰炸部队）司令官张廷孟所辖：

第一大队，装备"CB"轰炸机 20 架。第一中队驻汉口，第二中队驻南昌、吉安。

第二大队，装备"CB"轰炸机 13 架，"诺斯罗普"轰炸机 3 架，"马丁"轰炸机 2 架。第九、第十一中队驻南昌，第十二、第十三、第十四中队驻汉口。

空军第二路（驱逐部队）司令官刘芳秀所辖：

第三大队，装备"N–15"驱逐机 13 架，"霍克–3"驱逐机 13 架。第七中队驻孝感，第八中队驻汉口，第三十二中队驻南昌、衡阳。

第四大队，装备"N–15"驱逐机 9 架，"N–16"驱逐机 18 架。第二十一中队驻南昌，第二十二、第二十三中队驻汉口。

第五大队，装备"霍克–3"驱逐机 12 架。第二十七中队驻韶关、广州，第二十八中队驻汉口，第二十九中队驻衡阳。

第十二中队（侦察部队），装备"可塞"侦察机 5 架，驻武昌。第十五、第二十四、第二十五、第二十六中队，装备各型飞机 22 架，分驻汉口、南昌、衡阳等机场。

苏联空军志愿队所辖：

轰炸机第一大队驻汉口、南昌、吉安、衡阳等机场，装备 CB 轰炸机 26 架；

驱逐机第一大队驻汉口、南昌、衡阳等机场，装备 N–15 驱逐机 9 架，N–16 驱逐机 25 架；

驱逐机第二大队驻汉口、南昌、衡阳等机场，装备 N–15 驱逐机 22 架，N–16 驱逐机 8 架。

日军用于进攻武汉的作战飞机共 430 架，中国空军和苏联空军志愿队仅有作战飞机 220 架，其中第五大队还要兼负粤汉路南及广州防空作战任务。我方作战飞机仅为日方一半。

武汉会战开始后，为了阻止日军沿长江进攻武汉，中、苏空军频频出击，轰炸和扫射溯江而上的日军舰船及两岸行进的日军队伍，并相机袭击芜湖、安庆的日军前进机场。仅 6 月份，中、苏空军共炸沉日军舰船 30 余艘，炸毁日机 20 余架。6 月 28 日，中国空军第二大队大队长孙桐岗率 6 架飞机从南昌起飞，轰炸东流、马当之间的日舰。途中遇雨，分队长刘继昌，王廷元与机队失去联络，当飞到马当上空时，遭遇多架日机的围攻，王廷元作战中牺牲。

1938 年 7 月，中、苏空军继续出击，轰炸东流至九江间的日舰及沿江日机场。共炸沉日舰船 12 艘，炸伤 29 艘，炸毁飞机 40 余架。在作战中，中国空军飞行员第二大队第三中队武维志、袁熙纲、戴剑锋、孙国藩、刘若谷、毕玉宝，射击士陈德奎、张德刚献出了宝贵的生命。

▲向日寇射击的中国空军机枪手

日军为了报复，不断向武汉进行空袭。7 月 12 日，日军飞机 68 架空袭武汉，投弹 100 多枚，炸死炸伤民众 600 多人。后又于 7 月 16 日和 19 日两次空袭武汉，造成民众很大伤亡。同时，日机还轰炸了广州、潼关、洛阳等地。7 月 26 日，日军陆军在优势的海军、航空队的支援下，攻陷九江。

8 月，中、苏空军继续出击，轰炸九江、安庆一带日舰及登陆部队，以阻滞向武汉方面的进攻，共计炸沉日舰船 9 艘，炸伤 23 艘，此间，日本空军曾多次对武汉、南昌、广州、长沙、衡阳等城市进行轰炸，并对中国陆军前沿阵地进行轰炸。

9 月以后，武汉会战更趋激烈，中国空军多次出动，轰炸进攻的日军，有力地支援了地面部队作战。9 月 21 日，日军攻陷河南南部罗山后，中苏空军抽调一部分力量支援北线。22 日中国空军第一大队和苏联空军志愿队的指挥官一起前往罗山前线观察地形，制订了陆、空协同作战计划。从 9 月 27 日起，中苏空军混合编队连续出击，轰炸扫射罗山—柳村一线的日军。10 月 2 日，在空中火力的有力掩护下，中国陆军收复了罗山。

▲武汉空战中的中国空军

10 月 8 日至 11 月，日军为报复，连续对衡阳机场进行夜袭，共出动轰炸机 69 架次数，投弹 50 吨。由于有汉奸为日军飞机指示目标，中苏空军损失惨重。自此以后，中苏空军基本上停止主动出击。

10 月 12 日，日军占领战略要地信阳，切断了平汉铁路，使武汉受到严重威胁。随后，武汉外围要塞均被日军突破，武汉处于三面包围之中，10 月 25 日武汉失守。

在武汉会战期间，中苏空军共炸沉日舰船 23 艘，炸伤 67 艘，击落日机 62 架，击伤 9 架，炸毁 16 架，有力地配合了陆、海军的抗战。

◎ 袭击武汉日军机场

1938 年广州、武汉失陷以后，中国空军和苏联空军志愿队都移驻四川、兰州等地调整。其间除必要的空防外，很少主动出击打击日军。

1939 年 6 月，由库里申科和科兹洛夫率领的苏联空军志愿队两个 IIB－3 轰炸机大队来到中国，库里申科任轰炸机联队长。驻成都原有的 CB 轰炸机不能胜任远程距离的轰炸任务，而 IIB－3 轰炸机是一种远程重轰炸机，它对加强中、苏空军的战斗力，发挥了相当的作用。同年夏，由苏普伦率领的 N－15 战斗机大队和由柯基那基率领的 N－16 战斗机大队也来到中国。苏普伦任战斗机联队长，驻重庆。

随着苏联空军志愿队的补充，实力有所增加的中、苏空

▲库里申科

军，面对日机在这一期间对中国大后方各城市的狂轰滥炸，决定出其不意，给日军以打击，遏制日军的嚣张气焰。

1939 年 8 月 15 日，库里申科队长率领轰炸机机群袭击日军汉口机场。在武汉上空与日军德制战斗机相遇，双方展开激战。在作战中，库里申科的座机被击中，在左发动机失去作用的情况下，他用单侧右发动机飞行。在返航至四川万县上空时，飞机不能继续飞行。迫降于长江中。机组人员中库里申科因连日劳累，无法泅渡，溺水殉难，其他人员都泅渡获救。为了表达中国人民对这位国际主义战士的永久怀念，特在万县为他精心建起了一座纪念碑，至今仍保存完好。

9 月 5 日，日本海军第一联合舰队经过休整后，进驻汉口机场。此时汉口机场集中了日军海军航空队和陆军的飞行团的300 架飞机。中、苏空军决定对汉口机场进行一次大规模的袭击。

10 月 3 日，苏联空军志愿队的 29 架 IIB－3 型轰炸机，携带 100 公斤级的大型爆炸弹和杀伤弹、燃烧弹，突然袭击武汉。当时日军没有料到中、苏空军有能力长途奔袭武汉，在汉口机场周围疏于戒备，所以这次轰炸使日军损失极为惨重。木更津航空队副队长石河中佐、鹿屋航空队副队长小川中佐及五名士官当场被炸死，另有近四十名官兵被炸伤，30 多架飞机被炸毁。而苏联飞机仅有一架负伤。

10 月 14 日，苏联空军志愿队再次出动 20 架轰炸机，轰炸武汉机场。此次有日军在空中警戒的 3 架战斗机赶来拦截，在地面的 7 架舰上战斗机也紧急起飞出战，但为时已晚。大批炸弹呼啸着从天而降，机场变成一片火海。此次轰炸，共炸毁日机约 60 架，另一座汽油库、40 辆汽车被炸毁。

对于武汉日军机场的两次空袭，中、苏空军战果辉煌，使日军驻武汉地区的航空兵部队大伤元气。

苏联空军志愿队的作战活动主要在 1938 年和 1939 年。据不完全统计，苏联空军志愿队共参战 50 次以上，总计炸毁敌机 114 架，击落敌机 81 架（包含与中国飞行员并肩作战的战果），炸毁敌舰 14 艘，炸伤 7 艘。苏联空军志愿队正是用这样的辉煌战果，用自己的生命和鲜血赢得了中国人民的敬仰。如今在武汉苏联空军志愿队烈士墓上这样写着：

为了中国人民的解放事业，苏联空军志愿队的烈士们的鲜血和中国人民的鲜血溶结在一起，他们将永远活在中国人民的心里。

1941 年初，第二次世界大战欧洲战区的作战已威胁到苏联，加上苏日两国签订《日苏互不侵略条约》，苏联空军志愿队奉命回国。

远征日本 纸片轰炸

随着日本侵略者不断扩大侵华战争，如何给予日本侵略者以有效的打击，这是当时中国最高军事当局考虑的一个重要问题。对日本本土进行一次空袭，可能引起最大的轰动效应。出于这样的考虑，曾拟订了"空军袭击九洲四国计划"。1936年底参谋本部制订的1937年度《国防作战计划》中，整个计划分为甲案、乙案两种，以供开战时选择实施。甲案的"作战指导要领"中要求空军"准备全部重轰炸机队，于上海附近根据地，袭击敌之佐世保—横须贺及其空军根据地，并破坏东京—大阪各大城市，及其国内空军根据地和重要城市，以获得我空军行动之自由"。乙案中的规定与甲案大致相同："准备用全部重轰炸机队，以广德为根据，袭击敌之资源地、海空军根据地，如东京、大阪、横须贺及佐世保军港，并辽宁兵工厂、台湾敌之空军根据地等，以获得我空军行动之自由。"从这两个方案中我们可以看出，当时蒋介石是打算利用空袭日本本土来消灭其工业基地和空军根据地，以便夺取制空权，保障中方陆、海军行动不受敌优势空军干扰。这个计划因日军制造七七事变不宣而战，被暂时搁置起来。

1938年3月，面对疯狂侵略中国的日军，中国最高军事当局认为有必要重新制定"空军对敌国内地袭击计划"。该计划以宁波为这次行动的前进机场，择定日本佐世堡军港和八幡市作为袭击目标。

1938 年 5 月 19 日至 20 日，中国空军勇士为了让日本当局领悟到"三岛神洲"并不是不可袭击的安乐窝，首次驾驶飞机跨海飞至日本上空，散发大量的传单，被传为美谈。当时，人们把这次行动称为"人道远征""纸片轰炸"。

▲《新华日报》报道空军纸片轰炸行动

担任这项重任的是美国"马丁－139WC"远程轰炸机。该计划在极其秘密的情况下进行准备，飞机经改装增加了短波电台和无线电定向仪，从汉口经南昌、广州、宁波一带增开七座对空联络电台。

原计划以"马丁"飞机剩余油弹量携带一部分宣传品，

或用蒋介石专机全部携带宣传品随同"马丁"飞机出发，直到最后才决定，"马丁"飞机卸下炸弹，全部携带宣传品。其原因主要考虑到空军兵力有限，能随行远征日本的飞机很少，同时考虑到中国是一个文明国家，散发传单，劝导日本军阀放下屠刀，停止侵略行径，用纸弹攻心，比用炸弹炸死一些无辜的平民百姓效能更大。

1938年5月19日15时23分，刚从四川成都凤凰山机场转场到汉口王家墩机场的两架"马丁"飞机又起飞，17时55分在宁波栎社前进机场降落。23时48分，两架飞机从栎社机场起飞远征日本。机组人员为：长机1403号，驾驶员徐焕升、苏光华，领航员刘荣光，通信员吴积冲；僚机1404号，驾驶员佟彦博、蒋绍禹，领航员雷天眷，通信员陈光斗。

当飞机经定海上空时，停泊的五艘日本军舰听见机声即开探照灯向空中搜索，因我机在云中飞行未被发现。一小时后，地面接到机队第一份电报："云太高，不见月光，全在黑暗中航行。"

20日2时45分，中国两架"马丁"飞机以3500米高度飞抵长崎上空，只见城市灯光闪闪，说明日本未察觉有机入境，因而未施行灯光管制。两架飞机即盘旋投撒传单，并投下照明弹。3时25分，两架飞机飞抵福冈上空，地面依然灯火明亮，投撒传单，并投下照明弹。当飞机经过久留米、佐贺等地时，地面已不再见灯火，说明九州全岛已实施灯火管制。两架飞机飞遍九州全岛，沿途共投撒上百万张传单，一直未见地面高射炮射击和飞机拦截。4时左右两架飞机飞离日本境界。

返航途中，天气变得非常恶劣，两机在云中依靠地面指挥引导飞行。6时15分，飞抵中国海岸，并发回"袭击成功"秘电。8时48分，1403号在江西玉山简易机场降落，9时24分1404号在南昌机场降落，然后起飞在武汉上空会合一起降落在汉口机场。此时，武汉城已到处是中国空军远征日本并投下"纸弹"的号外。

▲图为空军东征归来，孔祥熙在机场与队员合影。左四为队长徐焕升，左二为副队长佟彦博，右一为何应钦。

在日本九州散下的上百万份传单主要是：

1. 《中国农民协会告日本农民大众书》
2. 《中国总商会告日本商业者书》
3. 《中国总工会告日本劳动者书》
4. 《中国外交协会告日本政党人士书》
5. 《中国人民反侵略大民盟告日本人民书》

传单上这样写着：

亲爱的日本人民诸君，贵国法西斯军阀不断榨取贵国民众膏血，驱使劳苦民众与中国兄弟互相残杀，现在已经到了反抗暴举的时期。我们中日两国人民，紧握着手，打倒共同的敌人，暴戾的日本法西斯。

尔国侵略中国，罪恶深重。尔再不训，则百万传单，将变一千吨炸弹，尔再戒之。

传单上还有这样的文字：

中日两国有同文同种，唇齿相依的亲密关系，应该互助合作，以维持亚洲和全世界的自由和平；日本军阀发动的侵略战争，最后会使中日两国两败俱伤，希望日本国民唤醒军阀放弃进一步侵华迷梦，迅速撤回日本本土。

传单中，部分内容是由日本人反战同盟会会员鹿地亘夫妇撰写的。他们批判了日本军国主义扩张侵略，把广大日本人民拖进了战争苦海。这些反对战争、要求和平的传单，在日本国内产生了强烈的反响。

▲5 月 23 日，王明、周恩来、吴玉章分别代表中国共产党和八路军亲赴武汉国民党航空委员会政治部，向空中的勇士们赠送了锦旗。

这次比美国杜立特将军空袭日本早四年的中国空军远征日本胜利归来后，周恩来、董必武、边章五、李涛等人代表中国共产党和八路军到空军司令部慰问并赠奖旗。奖旗上写着：

我空军初次远征日本纪念

德威并用　　　智勇双全

中国共产党中央委员会敬献

我空军初次远征日本纪念

气吞山岛　　　威震九州

第八路军武汉办事处敬献

周恩来在致词中说："我国的空军，确是个新的神鹰队伍，正因为他们历史短而没有坏的传统，所以民族意识特别浓厚，而能建树了如此多的伟大成绩，这更增加了我们的敬意。"

这次宣传性、示威性轰炸起到了打击日本侵略者的气焰，大长中国人志气的作用。在第二次世界大战后期，美国《生活》杂志曾刊登闻名世界的 12 名飞行员的照片，其中就有徐焕升，并指出他是先于美军杜立特轰炸日本本土的第一人。

空袭与反空袭作战

1938 年 10 月以后，侵华日军地面部队与中国陆军处于相持状态。由于长期陷于中国战场，国力不堪承受，加上与美、英等国关系恶化，日本急于想从中国战场上解脱出来，便企图发动空中攻势，迫使中国屈服。

从 1938 年末开始，日本陆、海军航空部队根据日本的"以政治诱降为主，军事打击为辅"的新的对华政策，开始采用新的空袭方针，将主要空袭目标从军事要地特别是机场，改变为中国的政治、经济中心。为此，日本陆、海军划分了空袭范围，陆军负责袭击华北，海军负责袭击华南，华中由陆、海军共同轰炸，必要时应互相给予配合和增援，对中国大后方的狂轰滥炸。

中国空中虽在各方面处于劣势，仍进行了英勇的抵抗。

◎ 抵御日军最初的轰炸

1938 年 12 月 18 日，汪精卫等人从重庆逃到河内，引起了中国国民政府内部的极大震动。日本军方认为这是打击重庆的大好时机，于是日本陆军航空兵团司令官江桥英次郎命令第一飞行团开始行动，对当时国民政府所在地重庆进行了连续四轮轰炸。

12 月 26 日上午 10 时，日本陆军航空队第一飞行团第六十战队队长田中友道大佐率领 12 架重型轰炸机由汉口直飞重庆。13 时 35 分，到达重庆上空，由于当时云层太厚，日机无法看清目标，只得返航。14 时，第二批出动的第九十八战队的 10 架轰炸机，又到重庆上空，进行推测轰炸，命中率很低。这是侵华日军首次对重庆进行轰炸。

▲1938 年 12 月 26 日，日军飞机空中盘旋轰炸重庆。

1939 年 1 月 7 日下午，日本陆军飞行第十二、第六十、第九十八战队的 31 架轰炸机再次轰炸重庆。机群抵达重庆时，因云雾太重，看不清目标，进行推测轰炸，仅有少量炸弹落入市区。

1 月 10 日，日本陆军航空队第一飞行团出动 30 架飞机第三次轰炸重庆。中国空军 4 架驱逐机升空阻击，地面高射炮也构成强大的火力网，敌机不敢低飞，因此未取得其预期的轰炸效果。

1月15日，重庆天气较好，日军得知后，便出动30余架飞机第四次轰炸。中国空军起飞拦截，加上地面高射炮猛烈的射击，敌机四架中弹受伤，仓促投弹后离去。

此后，由于重庆天气一直多云，日军改变了轰炸对象，将目标转向兰州。兰州，当时是苏联援华战略物资的重要通道和集散地。从苏联来华的飞机都在此加油，检修后再飞往各地机场。兰州还是中国空军的主要基地之一，周围共有大小机场五个，并有专修各式苏联飞机的航空修理总厂，且机场上堆满了卸下的军事物资，苏联空军志愿队和中国空军人员在此休整、训练，因此日军很早就把兰州作为袭击的一个重要目标。1937年12月4日，1938年2月23日和11月15日，日军飞机先后三次袭击兰州，每次均遇到中苏空军和高射炮部队的有力回击。

1939年2月5日，中苏空军混合编队主动出击，袭击山西运城的日军机场。当时，日本陆军第一飞行团为便于袭击兰州而将驻地移到此机场。中苏空军投弹40多枚，但由于停机坪上的日机都是用来欺骗的假飞机，所以日军损失不大。在返航途中，中国空军第八大队第十中队队长刘福洪因飞机发生故障，与轰炸员汪善、通信员谢光明在临潼失事。刘福洪的新婚妻子陈影凡闻讯后，自杀殉夫，成为当时传遍后方的一个悲壮故事。

2月11日，是日本的"纪元节"（即日本历史上第一代天皇登基之日），日军原定在这一天空袭兰州，因天气原因推迟到第二天。2月12日，日军分两批，共出动29架飞机直飞兰州。刚到兰州上空，即遭到中苏空军的飞机和高射炮部队的猛烈射击，多数日机中弹受伤，匆匆投下炸弹后返回。2月20日，当日机再飞兰州时，中苏空军50架飞机拦截，将日军领机的中队长田虎雄的座机击落。2月23日，又有3架轰炸兰州的日机被中苏空军击落。由于连连失利，日军决定暂停对兰州大规模的轰炸。1939年12月底，日本再次轰炸兰州，三天内数百架飞机对兰州进行狂轰滥炸，使兰州市区和空军军事基地遭到了相当大的破坏。

▲兰州，在日军整齐的编队下方，中国空军伊－15战斗机正在急速接近。

1939年5月3日，日本海军第二联合舰队45架飞机袭击重庆，这是日本海军航空队对重庆的第一次大规模轰炸。中国空军第四大队25架飞机起飞迎战，第五大队的飞机从成都赶来助战，在重庆上空与日军飞机展开了一场激战，击落日机2架，击毙15人。中国飞机损失2架，第二十一中队副队长张明生和第二十四中队飞行员张哲生牺牲。第二天，日机再次轰炸重庆，全市多处燃起烈火。在两天的轰炸中，重庆房屋被毁1200余座，居民死伤7500余人。

5月9日，日机再次轰炸重庆，击中英国驻华使馆，英国政府提出强烈抗议。同时美国也向日本提出了抗议。但是日军飞机依然继续进行狂轰滥炸。

6月，日飞机轰炸重庆六次，同时还对成都、武汉、福州、宁波、恩施、常德等地进行了多次轰炸。大后方许多城市居民每天都生活在警报声中，正常的生活被严重扰乱。

在6月11日，日军飞机轰炸重庆时，中国空军第四大队飞机起飞迎战。在激战中，第四大队第二十三中队分队长梁添成的座机被击中，坠毁于涪陵，梁添成壮烈殉国。

1939年夏，苏联空军志愿队的战斗机联队由苏普伦率领来到重庆，担任重庆的空防任务。日军得知后，将空袭改在夜间，同时派出侦察机，侦察苏联飞机驻扎的准确地点。

此后从7月到9月，日军对重庆的轰炸时有发生。7月6日，日军飞机30架夜袭重庆，中、苏空军立即起飞迎战。在作战中，击落日机1架，苏联飞行员柏达依夫牺牲。8月3日夜至4日晨，日军飞机又袭重庆，中、苏飞机在作战中，击落日机2架。中国空军第四大队飞行员李志强在作战中牺牲。

同时，日军还频繁地轰炸了成都、万县、乐山、巫山、南宁、柳州及福州、西安、洛阳、延安等地，造成居民很大伤亡。

1939年11月4日，日机54架分两批轰炸成都。中国空军第五大队分两批迎战，第二十六中队飞行员段文郁在作战中腿部中弹，但他仍带伤痛击敌领队长机，并将其击落。段文郁也因失血过多昏迷，飞机失控坠落于金堂县境，段文郁壮烈牺牲。同日，第二十九中队副队长邓从凯在与敌激战中，奋勇当先，冲入敌机群中将日本海军"轰炸大王"奥田喜久司的座机击落在成都仁寿县境内，这是对日本海军航空队的又一次沉重打击。在激战中，邓从凯的战机也因中弹多处而坠毁，邓从凯牺牲。

◎ 抵御日军 "101" 号作战

1940 年，日本为了早日结束侵华战争，迫使重庆国民政府屈服，决定由海、陆军航空队再发动一次对中国内地的大规模空中袭击，其代号为 "101" 号作战。这是侵华日军航空队所进行的规模最大的一次作战。参加作战的日本海军航空队指挥官为山口多闻少将，陆军航空队指挥官为木下敏中将，海、陆军共出动飞机 297 架。5 月开始，日本海、陆航空队分别以汉口、运城为主要基地，集中轰炸重庆、成都两个政治军事目标。

面对日军的轰炸，中国空军不畏强敌，升空迎敌，予敌重创，同时也作出了重大的牺牲。

5 月 18 日，日本海军航空队首先出动夜袭重庆。5 月 19 日再次进攻，炸毁了梁山机场上的 8 架中国飞机，5 月 20 日，中国空军第四大队第二十四中队的 8 架驱逐机起飞迎战袭击的日军飞机，并击落日侦察机 1 架。

▲日军轰炸机轰炸重庆

6月，日本陆军航空队也加入了空袭计划。6月6日，陆军第六十战队的36架重型轰炸机准备轰炸重庆白市驿机场，由于慌乱，除一架飞机到达白市驿机场外，其余飞机均在梁山附近就扔下炸弹。中国空军15架迎战，19架日机中弹，7名日军飞行员受伤。同日，日本海军航空队也出动了87架飞机对四川遂宁和梁山机场进行轰炸，被击落1架。事后，日军承认靠轰炸来粉碎中国人民的抗战意志不是件容易的事。

6月10日、11日，日军每天出动百余架飞机轰炸重庆等地，中国空军起飞拦截，击落、击毁日机4架，重庆江北地区和金陵兵工厂遭到很大损失。

6月12日，日本陆军36架重轰炸机和海军77架攻击机分别攻击重庆，中国空军驱逐机起飞45架迎敌，由于在空中作战时间较长，中国驱逐机油料耗尽返航。日军飞机利用其机续航能力强的优势，突然发动进攻，使中国空军蒙受了较大的损失。

6月14日，日本竟向各国发出通告，要求驻重庆的各国机构及人员迁往弹子石以南龙门浩一带的"安全区"，以便让日本飞行员"放手"轰炸重庆市内的各要害目标。6月16日，日军陆军派出36架飞机袭击重庆，中国空军37架驱逐机迎战。当即击落日机1架，日机投弹后逃窜，一架被击伤的日机在陕西洛南坠落，另有22架中弹，8人死亡，中国空军第四大队第二十四中队飞行员彭均在作战中牺牲。

6月24日，日陆军航空队35架飞机及海军89架飞机联合出动，连续两个小时狂轰滥炸重庆市区，市区内浓烟笼罩，蒋介石的行营附近也遭到轰炸。中国空军30架升空，但和日机交战的只有几架，中国空军的还击能力已明显减弱。

6月24日至29日，日本海军航空队每天都有90架左右的飞机对重庆进行疲劳轰炸，重庆的学校工厂也遭到很大的破坏。中国空军第五大队第二十六中队飞行员丘媛在作战中殉国。

7月上旬，日本海军航空队仍继续袭击重庆等地，中国空军顽强抗击。7月4日，中国空军第四大队大队长郑少轴率9架飞机起飞迎战，飞行员黎宗彦在油料耗尽迫降时殉职。

7月31日，日军海军航空队和陆军航空队联合出动124架飞机，分四批轰炸重庆。中国空军第四大队二十四中队副队长龚业悌率3架飞机勇斗敌机，因寡不敌众，被击落2架，飞行员陈少成、王云龙在作战中牺牲。

1940年7月，日本海军航空队共出动十一批843架次，陆军航空队共出动三批107架次，合计投弹672吨。五分之一的重庆市区遭到彻底破坏，大批人员疏散，生产和生活秩序完全被打乱，广大居民每天处在十分紧张的状态下，苦不堪言。

8月，日军继续轰炸重庆，并对衡阳等地进行袭击。为了对付日军飞机，昆明空军军官学校教官阎雷研究发明了一种浮游炸弹，在日机到达前的预定时间用飞机投放在敌机必经的空域，并定时装置引爆。8月11日，在日本海军87架攻击机袭击重庆时，中国空军首次使用这种炸弹，在日机的大雁队形前投放，形成了一个立体防空火网。浮游炸弹虽未达到预期的杀伤效果，但却打乱了日机队形，对日军飞行员造成了心理上的威胁。

8月19日，日本海军12架最新的零式A6M1战斗机首次使用，到20日，日机连续四次轰炸重庆，重庆损失惨重。

8 月 23 日，日军 80 架飞机对重庆市区进行了"101"作战的最后一次大轰炸，但对重庆郊区及其他地区的袭击延续到 9 月 4 日。从 8 月下旬起，日军开始计划侵占越南，批准陆军航空队第六十战队调往华南。9 月 4 日"101"作战结束。在整个作战中，日军进行了 110 天空袭，共出动飞机 4551 架次，投弹 10021 枚，1405 吨。中国空军击落日机 16 架，击伤 387 架，击毙 89 人，失踪 22 人。

▲1940 年 8 月 10 日，日本战机整整轰炸了重庆城区四天四夜，城区大面积房屋已经变为废墟。图为一名挑着水桶的男子经过轰炸后的废墟。

◎ 日军"零式战斗机"出击

日本海军零式战斗机是日本三菱重工业公司研制的，1939 年 4 月首次试飞成功，投入生产。1940 年又做了改进（A6M2），不但火力强，速度快，而且盘旋灵活，性能远远超过中国空军所使用的飞机。它曾在太平洋战争前期打得美、英等国飞机难以招架，但它最初逞凶却是在中国战场。

▲ 中国上空的零式战斗机

日本零式战斗机出现，使中国空军处境更加艰难。

1940 年 9 月 13 日，日本海军飞机 56 架由武汉飞袭重庆。中国空军第三、四大队 34 架飞机起飞迎战。到达重庆时，日机已返航，中国空军也准备返航，在途中，突然遭遇零式战斗机的攻击。零式飞机性能好，又占有利的位置，占据着空战的主动权。尽管中国飞行员顽强抵抗，但无力挽回败局，损失严重。13 架驱逐机被击落，11 架负伤，第二十四中队中队长杨梦青，分队长曹飞、何觉民，飞行员司徒坚、张鸿藻、雷庭枝、康宝忠、黄栋权、余拔峰、刘英役等10 人牺牲，而日机仅有数架受伤，未发现有坠毁。这次空战是抗战以来中国空军损失最惨重的一次。之后，中国空军为减少不必要的牺牲，避免与日机正面交锋，当日机空袭时，提前起飞疏散到安全的机场，待警报解除后再飞回原来机场。因此，日机非常猖獗。中国空军在四川的基地都成为日军空袭的目标。

10 月开始，在日本飞机对重庆、成都、昆明等地的轰炸中，中国空军损失惨重，人员伤亡严重。10 月 4 日，在零式战斗机袭击成都时，中国飞行员石千贞、王其阵亡。10 月 7 日，日机轰炸昆明，中国空军军官学校教官贡可宽，见习飞行员叶遂安阵亡。11 月 16 日，零式战斗机袭击成都，中国空军轰炸总队的李维强、邢达，军士学校飞行教官万应芬及分队长王自洁、飞行员刘文林、石大陆牺牲。到 1940 年底，中国空军仅剩各式飞机 65 架，实际上已无力抗击日军的进攻了。

1941 年 3 月 14 日，日本海军第十二航空队零式战斗机 12 架，袭击成都。中国空军第三、第五大队 31 架飞机在双流附近与日机遭遇，双方展开激战，结果被日机击落 8 架，第五大队队长黄新瑞，副大队长岑泽鎏，中队长周灵虚，分队长江东胜，飞行员任贤、林恒、袁芳柄、陈鹏杨等八名牺牲。损失惨重。为此，当时成都的空军第三路司令官杨鹤曾被撤职，第五大队番号被撤销，改称"无名大队"，队员一律佩戴"耻"字臂章，以表示不忘三一四空战的奇耻大辱。两年后，因第五大队战功卓著，番号才得以恢复。5 月 20 日，日本海军零式战斗机在袭击成都时，被中国高射炮兵击落，这是第一架在作战中坠毁的零式战斗机。

1941 春季，中国从苏联补充了一批新机，但苏式飞机不及零式飞机，加之在数量上处于绝对劣势，6 月，苏德战争爆发，苏联志愿队在这一年全部撤回，中国空军处于孤军奋战的状况，更加深了处境的艰难。

◎ 1941 年夏季的殊死较量

1941 年夏季，日本陆、海军航空队联合发动了对中国大后方重庆等地的最后一次大规模的空袭行动。

从 1941 年 5 月 3 日到 7 月中旬，日本海军第二十二航空队对重庆发动了 22 次袭击，给重庆造成很大破坏，居民伤亡惨重，特别是 6 月 5 日的大隧道惨案。

▲1941 年 5 月 2 日，国军士兵在重庆周边部署声音探测器，用于防空预警。

6 月 5 日下午，重庆突然响起警报，正值下班时间，数万人来不及避往郊外而就近躲入原本只容纳 6000 余人的校场口大隧道内。隧道内挤满了人，又无通风设备，洞口宪兵又不允许出洞，最后导致 9000 余人因窒息死亡。惨案发生后，校场口商业区的许多商店因全家遇难而关闭，凄惨气氛笼罩了整个重庆市。

7 月 28 日，日本海军飞机 108 架分五批进入四川各地，中国空军第四大队 9 架驱逐机和无名大队 7 架驱逐机，从双流和太平寺机场起飞，在壁山上空与日军 18 架飞机相遇，中国空军立即发动攻势，击落日机 1 架，中国飞行员高春畴阵亡。

8 月起，日陆军航空各部队开始攻击陕西和四川等地的军事目标和长江上的船艇及盐场，并参加了对重庆的轰炸。

8 月 11 日，日海军铃木少佐指挥 20 架零式战斗机和 9 架攻击机侵入四川，分别向双流、温江、太平寺、凤凰山机场进行扫射，中国空军第二十九中队副队长谭卓励率无名大队 4 架驱逐机和第四大队 1 架驱逐机起飞后，在温江上空与日攻击机群相遇，正准备猛攻时，日本零式战斗机出现，围攻中国驱逐机，在激战中，中国空军击落日机 1 架，但损失 4 架飞机，只有 1 架飞还，谭卓励及分队长王崇士、黄荣发，第四大队飞行员欧阳鼎阵亡。

到 9 月，日军为发动太平洋战争，匆匆结束了未达到预期效果的夏季攻势。

困境中的抗争

　　1938年10月，广州、武汉失陷后，中国空军和苏联空军志愿队移至重庆、成都、兰州等地，人员和飞机都消耗很大，需要补充和休整。11月，苏联空军志愿队接到命令，暂停作战，将飞机飞到兰州进行大修，同时中国空军也暂停止出击，各轰炸机中队调到成都、宜宾一带整训，驱逐机中队分驻重庆、成都、兰州等地，担任空防和训练。1939年春，从苏联运来一批新飞机，装备了中国空军和苏联空军志愿队。1939年，在华的苏联空军志愿队为四个大队：库里申科任联队长的两个轰炸机大队和苏普伦任联队长的两个战斗机大队。

　　中国空军具体编制是：

第一军区司令部	司令官黄秉衡	驻兰州
第一路司令部	司令官张廷孟	驻重庆
第二路司令部	司令官邢铲非	驻桂林
第三路司令部	司令官田曦	驻成都
第一大队	大队长张之珍	轰炸机
第二大队	大队长金雯	轰炸机
第三大队	大队长徐燕谋	驱逐机
第四大队	大队长刘志汉	驱逐机
第五大队	大队长黄泮扬	驱逐机

| 第六大队 | 大队长黄普伦 | 轰炸机 |
| 第八大队 | 大队长徐焕升 | 轰炸机 |

中国空军部队除了部分驻守在西安、梁山、吉安、衡阳、南施等一线机场担任警戒外，多数部队集中在兰州、汉口、重庆、宜宾、昆明、芷江、柳州进行训练。

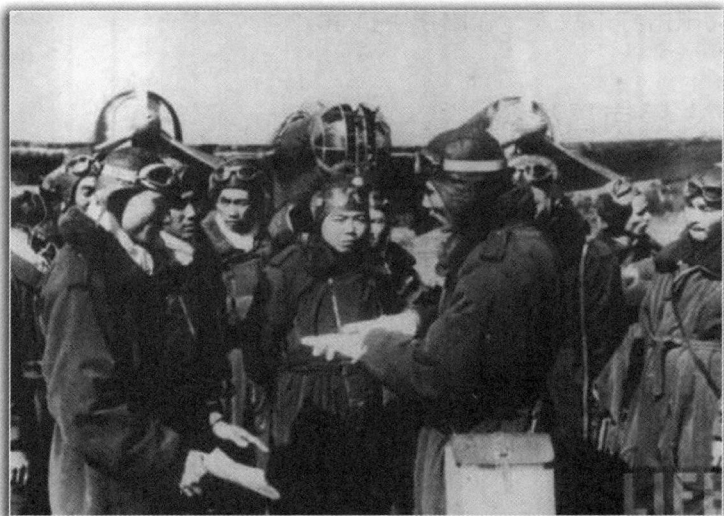

▲美国《时代》杂志拍摄的抗战时期的中国空军飞行员

日军占领广州、武汉以后，日本陆海军航空部队将广州、武汉作为中心基地，控制了中国广大地区，经常深入中国腹地轰炸。1939 年，日本空军用于侵华飞机始终在 700 架左右，中国空军虽然在一年内陆续补充了新机，但由于作战消耗，到年底仅剩 170 架，日本空军在数量占有绝对优势。在作战方面，到 1940 年 7 月，由于敌我飞机数量上的悬殊，加上日本已有大面积陆上基地，中国空军的战绩明显下降，根据航委会参谋处历年战果统计：

年度	空军击落日机数	占总数的百分比
第一年度（1937.8—1938.7）	209	77.7%
第二年度（1938.8—1939.7）	32	11.9%
第三年度（1939.8—1940.7）	28	10.4%

但是在 1940 年夏季以前，中国空军尽管处于劣势，仍能主动出击打击敌人，在困境中抗争。

◎ 支援南昌战役

南昌是江西省省会，南浔、浙赣铁路在此相交。1937 年 9 月至 1938 年 8 月，日军曾对南昌进行轰炸。当时，由于日军地面部队在江西德安万家岭地区遭到中国军队的沉重打击，未能渡过修水，故日军决定在武汉会战结束后再进攻南昌。1939 年 3 月 17 日，日军为割断浙赣铁路，切断江南的安徽省及浙江省方面的主要联络方式，以巩固对武汉地区的占领，在陆、海军航空队的掩护下向南昌发动总攻。经十天激战，3 月 27 日，南昌失守。

4 月 22 日开始，中国陆军第三、第九战区各一部约 10 个师，反攻南昌，至 26 日，一度攻入南昌机场。4 月 27 日，日军出动大批飞机，狂炸中国军队的阵地，并投下毒气弹。双方在南昌周围展开激烈的争夺战。

5 月 3 日，中国空军机群出动轰炸机轰炸扫射日军阵地，支持了地面部队的反攻。5 月 4 日，第一大队大队长龚颖澄率领 5 架轰炸机轰炸了南昌近郊的日军阵地，予敌重创。

5 月 5 日，中国陆军上官云相所部攻入南昌新机场，汽车总站及金盘路等地。7 日，日军飞机前来猛炸，配合地面部队反击。中国军队伤亡很大。第二十九军军长张安宝阵亡，第26师师长刘雨卿重伤。5月9日，中国军队退到赣江扶河以东。南昌战役结束。

在南昌战役期间，中、日双方空军均出动作战，但制空权掌握在日军手中。在地面作战中，日军不顾国际公法，多次施用毒气、毒弹，使中国军队遭受很大伤亡。

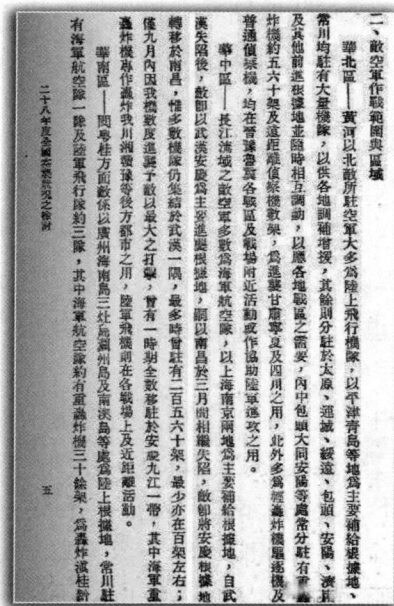

▲航空委员会防空监部出版《全国空袭状之检讨》，其中描述了武汉、南昌空战的情况。

◎ 支援桂南会战

1939年秋，日本为封锁中国后方，一方面威胁法国，禁止我国取道越南运送物资；一方面积极准备发动桂南战役，以侵占我通往西南大后方的沿海交通线。11 月 15 日，敌集结兵力 10 万人，由东京湾开拔，向广西北海大举进犯。敌第 5 师团及台湾旅团主力，在海军掩护下，在钦州湾登陆，桂南会战开始。

在桂南会战中，日本动用了大量的航空兵力。日本陆军起初有第二十三独立飞行队所辖战斗机、侦察机各一个中队。后来，又从华中、东北等地调来了侦察机和轰炸机各两个中队、战斗机一个中队，总兵力达七个中队。日本海军开战时就投入了第三联合航空队、第二航空战队等部。后又增加了第十五航空队、高雄航空队。日本陆海军各有飞机 100 多架参战。

中国空军第三大队首先从内地移驻柳州，协同陆军抗击登陆之敌。中国空军第四、第五、第六大队，独立第十八中队和苏联空军志愿队也先后参加桂南会战，中苏参战飞机共 115 架，数量仅为日军的一半。

会战开始，由于桂南中国守军兵力空虚，未能有效地组织抵抗，致使优势日军迅速深入。11 月 24 日，日军地面部队在飞机和炮火掩护下，攻陷了南宁。随后，日军继续北犯，于 12 月 1 日攻占高峰隘，4 日夺取了昆仑关。南宁失守，不但西南国际交通线被切断，而且日本航空队以此为基地将危害西南大后方。有鉴于此，国民政府军事委员会决心收复南宁。18 日，中国军队从东、北、西三个方面开始反攻。中、日双方都动用了大批飞机支援地面部队作战。22 日，中国空军第三大队在来宾县上空击落敌轰炸机 1 架。

为配合反攻昆仑关，12 月 25 日下午，中苏空军三架轻轰炸机和 1 架驱逐机飞临昆仑关上空。日本误认为是自己的飞机，赶紧铺置信号板进行联络。中国驱逐机乘势俯冲扫射，轰炸机则瞄准投弹，多数击中目标，日军伤亡惨重。中国第200师立即发动强攻，夺取了部分日军阵地。

12月27日，是昆仑关争夺最激烈的一天。中国空军第三大队出动N－15式和"格罗斯特"式驱逐机共6架，支援地面部队反击。在昆仑关以南的二塘上空，中国飞机与数倍于己的敌机发生空战。第三十二中队中队长韦一青在击落一架敌机之后，又去追击另一架敌机，不幸被从后面突然冲来的敌机击中，坠落在敌我阵地之间。中国陆军官兵们目睹自己飞行员奋勇杀敌、壮烈牺牲的情景，士气大振。他们冒着敌人猛烈的炮火，冲出掩体，将韦一青遗体抢回，并乘势进攻，大败日军。12月30日，日本海军第十四航空队出队13架舰载九六式战斗机袭击柳州机场。中国空军第四大队在大队长刘志汉，副大队长郑少愚率领下，全体升空迎战，击退了日机，击落日机6架，日军飞行员藤田博毙命。12月30日，中国军队大举反攻，夺回了昆仑关。中国空军袭击了南宁机场，炸毁日机8架。

▲桂系简陋的机场与飞机（资料图）

1940 年 1 月 1 日，日机侦察湖南零陵，中国空军第五大队第二十中队击落 1 架日海军第十三航空队的速度很快且不易捕获的神风侦察机，首开新一年度的纪录。

1940 年 1 月 4 日、7 日、8 日、10 日，中国空军和苏联空军志愿队连续出动 CB 式轰炸机 31 架次，轰炸南宁日军机场及七塘、八塘、九塘的日军阵地，4 架日机被炸毁，日军阵地多处起火。苏联飞行员金爵洛哥在 1 月 10 日出击返航时，因迷失方向而迫降，不幸遇难。

1 月 10 日，日本海军第十二、第十四、第十五航空队共出动攻击机 27 架、战斗机 27 架、侦察机 2 架，分两批袭击桂林。驻柳州的苏联空军志愿队起飞迎战，共击落日机 3 架，苏联空军志愿队战斗机队长柯基那基在击落 1 架敌机后，遭到数架敌机围攻，飞机被击伤，呈螺旋状下坠。他凭着熟练的技术操纵飞机，使其转为侧滑，最后平安着陆。柯基那基在华共击落 7 架敌机，后来被授予"苏联英雄"的称号。是役，苏联飞行员列辛克在作战中牺牲。

1940 年 10 月 30 日，中国军队在中国空军的有力配合下，收复南宁，到 11 月 30 日，将日军全部逐出桂南。

桂南会战期间，中、苏空军共出动 12 次，投弹 280 吨，炸毁日军飞机 15 架，进行了 11 次空战，击落日海军九六式重轰炸机 1 架，九六式战斗机 9 架，神风号快速侦察机 1 架。同时，损失飞机也达 15 架。

◎ 艰苦的 1940 年和 1941 年

进入 1940 年，中国空军抗战更加困难，此时只有 112 架驱逐机及 48 架轰炸机，而日军有 650 架各式飞机。但中国空军在苏联空军志愿队的配合下，仍在艰难的条件下坚持抗战。

日军为扼断我国西南国际交通线，连续轰炸我国云南境内的滇越铁路及滇缅路，同时，利用适宜的天气及夜间，继续轰炸四川各空军基地。1940年1月4日，日机39架分两批袭击云南滇越铁路要冲蒙自，云南航校中级班驱逐机队队长李向阳率N－15机5架警戒，第二十二中队队长张伟华率机6架，自昆明飞赴蒙自助战。空战中中国飞行员李侃受伤，返场降落时撞及大树殉职。2月1日、3日、12日、17日，日军轰炸机四次轰炸云南蒙自，中国空军击落日本海军航空队九六式重轰炸机3架。

4月3日，中国空军第八大队及苏联空军志愿队联合出动两批，分别轰炸岳阳和运城。第一批由科兹洛夫大队长率领IIB－3轰炸机8架与中国空军第八大队2架混合编队，轰炸岳阳日军司令部及仓库、城陵矶、南津港、日明寺、观音阁、九花崎等处的日军营房和阵地。炸毁日军军舰1艘，炸死炸伤日军百余人，城陵矶、岳阳等处日兵炸死炸伤百余人，炸毁火车站车厢2节，汽车5辆。另一批苏联空军由温江起飞CB轰炸机7架，经汉中加油后轰炸山西运城日占机场，日军损失奇重，炸毁房屋七八十栋，虽有日军驱逐机追击和高射炮射击，但中、苏飞机无损失全部安全返回。

4月12日，中、苏空军再次联合出击岳阳日军司令部及仓库，炸毁岳阳城西沿江岸日军汽艇两艘，炸伤日兵舰两艘，击毙日军150余名，并炸毁日军仓库一座。4月28日到29日，苏联空军志愿队轰炸信阳日军机场，炸毁信阳机场日机11架。

5月至6月，日军进攻枣阳和宜昌地区，这是武汉会战后日军对正面战场发动的规模最大的一次攻势。日军认为，宜昌离重庆仅约 480 公里，是重庆的门户，攻占宜昌，可直接威胁重庆。面对日军的进攻，中国第五战区部队进行了顽强的抵抗。5 月 16 日，第三十三集团军总司令张自忠在宜昌城东北南爪店指挥作战中，壮烈殉国。

▲中国空军和苏联志愿航空队的空中编队

6 月 16 日，日军占领宜昌，日军随即修复宜昌机场，将其作为前进机场，使其飞机可从此地加油后，飞到我国内地进行轰炸。为破坏日军计划，6 月至 8 月间，中国空军对宜昌日军机场进行多次轰炸。第一、第六、第八大队共出动飞机 124 架次，对宜昌及其附近地区进行轰炸。

1941 年是中国空军八年全面抗战中最困难的一年。经过长时间与日军作战，到 1940 年底，中国空军只剩下各式飞机 65 架，且在 1941 年 6 月，苏联卫国战争爆发，苏联空军志愿队全部撤回，中国空军处于孤军奋战的状况。而此时的日本有战机 800 架，特别是日本零式战斗机投入战斗，使中国空军的力量更加与日本无法相比。但在这最困难的时期，中国空军并没有被困难吓倒，仍在坚持抗战。

1941 年 3 月初，宜昌日军为扩张外围据点，分三路西侵，中国空军为协助地面部队作战，3 月 9 日晨，第八大队队长陈嘉尚率苏式 IIB -3 轰炸机 6 架，自成都太平寺机场起飞，出击宜昌南岸大桥的日军，途中有两架掉队，其余 4 架飞抵宜昌后即投弹，炸死炸伤敌军 200 余人。掉在后面的中国飞行员高冠才在失去联络后，仍单机飞往宜昌，遭 12 架日机围攻，击落日机 2 架，高冠才座机也被击落不幸殒命。

1941 年 9 月，日军集结 10 万兵力，在日军第十一集团军新任司令官阿南惟畿指挥下，第二次进犯长沙。为配合陆军狙击日军，中国空军第二大队在极端困难的条件下主动出击。9 月 23 日，第二大队副队长姜献祥率 CB 机 9 架，袭击洞庭湖内日军舰艇，瞄准轰炸，给日军一定打击。

从 1939 年到 1941 年的三年困难时期，中国人民也没有停止抵抗，这说明中国人民是打不垮的，正因为我们的坚持抗战，才迎来抗战的最后胜利。

长 空 飞 虎

　　正当中国空军处于最困难、几乎无力抗争的紧要关头，美国志愿队来到中国，与中国空军并肩作战，逐渐从侵略者手中夺回了失去的制空权，为抗战的最后胜利准备了必要的条件。

　　日本发动侵华战争后，美国对日本多年奉行绥靖政策。1938 年 10 月，中国抗日战争进入相持阶段后，美国一面给中国提供援助，一面向日本大量出口战略物资。但随着日本对中国军事战略和经济掠夺的加剧，其与美国的矛盾日益加深。美国为了战时利益和长远的战略目标，在太平洋战争爆发前后，采取了从经济、政治上支持中国、联合中国、共同抗日的政策，正是在这种转变的情况下，出现了美国志愿队。

◎ 陈纳德和美国飞虎队的组建

　　提起美国志愿队，首先会让人们想到一位传奇式的人物陈纳德。

　　陈纳德是美国德克萨斯州人，美国退役空军上尉。他酷爱航空事业，担任过战斗中队的队长，飞行经验丰富，对航空兵在战争中的作用这一方面有很深的造诣，他所编写的《驱逐机的防御作用》一书曾被列为美国陆军航校必读的教材。在书中，他归纳出了一整套歼击机编队、轰炸机在战斗机掩护下远征巡航的原则，对第一次世界大战以来的空军作战中的陈规陋习作了许多重大改革。

1937年6月，陈纳德应聘到南京担任航空委员会顾问，帮助组织中国空军的训练和作战，建立地面空袭警报系统。

1940年11月，陈纳德受中国政府委托，回国后通过政府官员和民间渠道，请求美国对中国空军支援。他回美国之后，因为美国人热衷于援助欧洲战场的英国作战，对中国抗战比较冷淡，开始很不顺利，但他并不气馁，经过多方努力，也随着世界战争局势的发展，美国对中国空军的援助行动终于展开。

1941年5月，美国总统罗斯福签署"租借法案"及允许美国预备役军官和从陆海军航空队退役的人员参加志愿航空队到中国对日作战的命令。

6月间，中国从美国购买到P－40C驱逐机100架。P－40C型战斗机（中国称驱逐机）装有防弹钢板，比较坚固，有四挺7.62毫米的机翼机枪和两挺12.7毫米的机头机枪，最高时速可达574公里，爬升率可达938米/分，其性能远远比苏联的N－15、N－16战斗机优越，与日本的零式战斗机相比，机动性和升限不及零式飞机，但比零式飞机快而且坚固。

中国政府决定将这批飞机交给陈纳德，由他组建一支美国志愿队。7月，陈纳德以"中央飞机制造公司"的名义高薪招募的110名飞行员和150名机械师、医生等地勤人员，从美国启程，经澳大利亚、新加坡抵达缅甸。8月1日，中国空军美国志愿队在缅甸同古正式成立。

美国志愿队纳入中国空军序列，由陈纳德任指挥官，下辖三个战斗机中队。第一队绰号为"亚当和夏娃中队"，中队长是罗伯特·桑德；第二中队绰号为"大熊猫中队"，中队长是杰克·纽科克；第三中队绰号为"地狱的天使中队"，中队长是阿维德·奥尔逊。

美国志愿队在缅甸开始了训练，陈纳德对队员们的训练要求十分严格，他根据多年的研究和对敌我飞机性能的比较，为美国志愿队制定了一套飞机编队原则：三机编队的战术，即以两机攻击敌机，再以一机在高空掩护，随时准备俯冲以救友机。并且他还指出，要利用 P-40C 型飞机速度快火力较强的特点，在作战中迅速俯冲，猛烈开火，并迅速安全飞离后，改变航向升高重新获得高度优势，再高度俯冲攻击。这种打了就走的游击战法，使美国飞行员在对日作战中获得胜利，因此美国志愿队也被称为"飞虎队"。

▲"飞虎队" 战机

"飞虎队"名称的来历还有一种说法：早在筹组美国志愿队时，在华盛顿的中国防御用品公司的人员曾就志愿队的标志进行过议论，有的提议用龙，有的提议用鹰。当时在中国防御用品公司负责的宋子文说："龙"既古老又陈旧，"鹰"为美国空军标志容易混淆，他建议用"虎"作标志，并引出中国"如虎添翼"古语。他说："老虎是最凶猛的野兽，当给它加上翅膀，老虎就更加凶猛。传说，一个人吃了剑齿虎的心，他就能获得剑齿虎的胆量和力量。"美国志愿队接受了宋子文的建议用带翅膀的虎作为该队的标志。这样也被称为"飞虎队"。以后飞虎队的辉煌战绩也证明了他们的"虎"胆和"虎"威。

在飞虎队进行训练之时，中国空军设立了美国志愿队中国人员管理处，为美国志愿队提供警卫、后勤保障等服务。

◎ 太平洋战争爆发后中美空军并肩作战

1941 年 12 月，日本军政当局决定攻击美国在太平洋上的海军基地和英、荷等国在太平洋上的属国，把侵华战争扩大为所谓"大东亚战争"。日本之所以如此，它的战略野心是：

第一，掠取其自身所严重缺乏的战略资源，如东南亚半岛的橡胶、锡和大米，荷属东印度群岛的石油，澳大利亚的铁矿石、煤、小麦和羊毛等。

第二，通过在南方作战攻占缅甸等要域，消灭中国在该方向的外援力量，完全掐断滇缅路交通线，隔绝中国在南方的对外联络。

第三，通过新的战争摆脱对华战争僵局，攻占菲律宾、香港、新加坡等要地改善自身战略态势，避免出现东条英机所说过的"坐等二三年日本将沦为三等国家"的情况。

第四，为其全球扩张战略服务，消灭或打击美、英等国家在该地区的力量，迫其采取守势。

日本的战略目的虽如此，但从根本上讲，这是一场日本国力所无力承担的空前的战争赌博。虽然在初期暂时占了上风，但其后果是灾难性的。日本既无法南进支持其对华战争，也无法从中国抽身专注于太平洋战场。

　　1941 年 12 月 8 日凌晨，日本南方军和联合航队按计划展开全面进攻。由 6 艘航空母舰（舰载飞机 382 架）、2 艘战列舰、3 艘巡洋舰、11 艘驱逐舰、3 艘潜水艇组成的特遣舰队和以 27 艘潜水艇为主力的先遣舰队向美国在太平洋上最大的海军基地珍珠港发动了突然袭击。美军疏于戒备，在两个小时的作战中，被击毁击伤舰艇 18 艘，其中战列舰 8 艘，巡洋舰 3 艘，驱逐舰 3 艘，飞机 188 架，整个太平洋舰队遭受重大损失。所幸美军太平洋舰队的 3 艘航空母舰未在港内，没有遭受袭击，基地的油库等重要设施也未遭到破坏。

▲日军偷袭珍珠港

　　珍珠港事件标志着太平洋战争的爆发。1942 年 1 月 1 日，由中、美、英、苏四国领衔二十六国在华盛顿签署《联合国家宣言》，标志着国际反法西斯统一战线最后正式形成。之后，中国战区正式成立，蒋介石就任中国战区盟军最高统帅。

珍珠港事件后，美国志愿队队员们感到行动时刻就要来临了。从此，空战的旋风席卷了太平洋地区的几乎所有国家。

1941年12月18日，陈纳德率训练结束的第一中队和第二中队移驻昆明，以保证当时中国获得国际援助的唯一陆上通道——滇缅公路的运输安全，并使昆明免遭空袭之苦。第三中队转往仰光，准备参加保卫仰光的空战。

12月20日，驻越南的10架日军轰炸机袭击昆明。美国志愿队第二中队的27架P－40C式飞机立即升空，在昆明东南50公里的宜良上空与日军飞机相遇，激战开始。日本人首次遭遇美国飞机，在没有战斗机护航的情况下，慌忙丢了炸弹快速返航。美国飞行员艾德·雷克特首开纪录，打下了一架敌机，43岁的老飞行员路易·霍夫曼打下了另一架日机。日本轰炸机群全速飞行，但无法逃脱快速的美国P－40C战斗机的追击，飞行员弗雷兹·沃尔夫一人连续击落两架日机，战斗结果：10架敌机被击落9架，而美国飞机却丝毫没有损失。

胜利的消息立刻传遍了全中国。中国各报纸都在头版报道了这一消息，陈纳德也成为头号新闻人物，获得"飞虎将军"的美称。此后，头戴星条高帽，腾空而起的飞虎愤怒地抓破日本太阳旗的图案，就成为中国空军美国志愿队以及之后美国驻华航空特遣队和美国第十四航空队及其所属作战飞机的著名的非正式标志。

12月23日，54架日本三菱轰炸机在12架中岛九七式战斗机、8架零式战斗机的掩护下，大举袭击仰光。驻缅的美国志愿队第三中队15架P－40C式战斗机和英国空军18架"格罗斯特"式战斗机起飞迎战。经过激战，共击落日机7架，英机损失5架，美机损失4架，美国飞行员尼尔·马丁和亨克·吉伯特阵亡。

12月25日圣诞节，日本空军出动123架飞机前来报复，结果又一次惨败。此后，日军改为夜间袭击。仰光的夜间防空任务由英国皇家空军承担，而美国志愿队则在白天猛烈攻击泰国境内的日军机场。

从 1942 年 1 月 23 日起，日军又开始对仰光猛烈袭击。美国志愿队和英国空军与日军交锋，从 1 月 23 日到 28 日，共击落 50 架日本轰炸机。1942 年 2 月新加坡沦陷后，日本加紧对仰光的袭击。2 月 27 日，美国志愿队撤出仰光，移驻仰光以北 400 公里的伊洛瓦底江边的马格威。3 月 21 日，日机 74 架袭击马格威，使美国志愿队损失惨重。3 月 23 日，驻昆明的 10 架美国志愿队的飞机向日军复仇，袭击了泰国北部清迈的日军机场。马格威失陷后，美国志愿队第三大队移驻中缅边境云南境内的垒允，这里有一座从杭州迁来的飞机修理工厂。

同一时期，中国空军在美国援助下得到新的发展。至 1941 年底，除第十一、第十二大队和一个独立中队在进行训练外，作战部队有七个大队，共有各型飞机 364 架。P－40C 型驱逐 100 架移交美国志愿队使用。1942 年 3 月开始，从美国购买的驱逐机陆续到达，中国空军各部队抽派人员分批赴美国和印度受训及接收驱逐机。7 月以后训练完成，相继飞返国内。

▲坐在驾驶舱中的抗日飞行员

日本于 1941 年 12 月 8 日发动太平洋战争后，战线拉长，将驻留在中国的飞机大批调往越南、泰国及缅甸一带，以应对西南太平洋方面作战的需要。1942 年每年在中国的飞机平均仅有 270 架，最多时为 370 架，其中主要是陆军航空队的飞机。因此，日军航空队对中国的作战，也由原来的政略轰炸为主、战略轰炸为辅，改为以战略轰炸为主、政略轰炸为辅。

由于日军航空队改变了作战策略，减少了空袭和空战，中国空军的主要任务转为支援陆军作战。

1942 年 12 月，日军中国派遣军驻广州的第二十三集团军由广州进攻香港。日军为了策应香港等处的作战，牵制中国军队向广州方面转移，发动了第三次长沙作战，动用了日本陆军第一飞行团 54 架飞机支援作战。

为了配合英美打击日军，国民政府军事委员会于 12 月 9 日命令各战区发起攻击，牵制日军，策应友邦作战。特令第四战区攻击广州方面日军，策应香港英军作战。中国空军为支援陆军守卫长沙，于 1942 年 1 月 8 日奋力参战。第二大队大队长金雯率 9 架轰炸机，从成都太平寺机场起飞，至长沙以北长乐街轰炸，切断日军的退路。在投弹后返航途中，遭 8 架日机攻击，中国轰炸机边战边退，激战 20 分钟，击落日机 1 架，创下了中国空军以轰炸机击落驱逐机的先例。是役，中国空军损失 2 架飞机，金雯及飞行员吴纶、欧阳寿牺牲。

为了配合英、美盟军牵制日军在东南亚半岛的活动，中国空军和美国志愿队并肩作战，主动出击越南境内的日军航空基地。1942 年 1 月 22 日，美国志愿队第一中队 9 架飞机掩护中国空军第一大队副大队长杨仲安率领的第一、第二两个大队的 18 架 CB 轰炸机袭击越南河内嘉林日军机场。是役，中国空军第二大队第十一中队中队长邵瑞麟的座机被日军高射炮击中，壮烈牺牲。1 月 24 日，中、美飞机再次出击越南，对日军机场和阵地实施轰炸。两次主动出击，显示了中国空军的战斗决心，对日军航空兵的袭扰，使之不能全力对付英、美军队。

4 月 28 日，日军 27 架轰炸机在战斗机的掩护下，袭击中缅边境的垒允机场。途中，遭到驻扎在此地的美国志愿队第三大队 P－40C 战斗机的迎击，击落日机 22 架，而美机无一损失。

4 月 29 日，日本陆军攻占了滇缅公路缅甸境内的起点——缅北重镇腊戌。腊戌的陷落，不仅使滇缅公路这一重要的国际交通线被切断，也使美国志愿队在垒允的处境危急。他们被迫焚毁了在垒允飞机修理厂中待修的 22 架 P－40C 飞机，撤退到云南保山和云南驿等新基地。

日军攻陷腊戌后，沿滇缅公路长驱入侵。5 月 3 日，占领了云南边境重镇畹町。5 月 4 日，日机 50 架狂炸保山。美国飞行员查理邦德单机起飞，击落了两架日机。来自亚拉巴马州的飞行员本福希在登机起飞时，被炸弹击中阵亡。5 月 5 日，日机再次袭击保山，美国志愿队 9 架飞机拦截，击落日机 9 架。

5 月 5 日，日军攻至怒江西岸，并准备渡过怒江。怒江是横在中、缅之间的一道天然防线，如果怒江天险被突破，日军将长驱直入进攻昆明，直接威胁中国大后方。

为了阻止日军渡过怒江，中国空军和美国志愿队从 5 月 2 日起连续出动 20 多次，轰炸、扫射滇缅边界的腊戌、芒市、惠通桥、龙陵等地日军。5 月 7 日至 9 日，美国志愿队猛烈袭击怒江峡谷和山道上的日军。这一强烈的攻击，重创日军，使之不得不退回龙陵。此后，日军与中国军队在怒江两岸隔江相持两年之久。

1942 年 4 月 18 日，美国海军 16 架 B－25 轰炸机在詹姆斯·杜立特中校率领下，从太平洋上的美军航空母舰起飞，轰炸了日本东京、横须贺、横滨、名古屋、神户等城市后，返回中国浙江省空军机场降落。日本本土第一次遭到轰炸，民心恐慌，社会骚动，朝野震惊，认为如不及早摧毁这些机场，对日本本土将会构成越来越严重的威胁。为此日军决定进行以摧毁浙赣两省飞机场为目标的浙赣作战。5月至8月的浙赣战役，日军彻底破坏了玉山、衢州、丽水等地的机场。

▲美军战机从航空母舰起飞，轰炸日本。

美国志愿队在空战中取得了出色的战果。据国民政府战史会统计：到1942年5月底止，该队共空战26次、攻击23次、侦察27次、掩护4次、拦截10次、巡逻9次，合计军事行动达102次，共击落敌机193架，击毁敌机75架及卡车112辆、仓库15座，击伤敌机40架；该队损失飞机68架，阵亡11人，失踪4人，殉职9人，负伤6人。

◎ 美军驻华航空特遣队

1942年7月，美国政府决定将美国志愿队并入美国陆军正规编制，改编为第十航空队第二十三战斗机大队，亦称美国驻华航空特遣队，陈纳德转为现役军职，升为陆军准将，任大队指挥官，原飞虎队的飞行员一部分恢复军籍，加入第二十三战斗机大队，一部分回国。

美国驻华航空特遣队虽然纳入正规编制，但飞机和其他装备仍是美国志愿队原有的，美国陆军部没有提供任何飞机和其他军需品。特遣队下辖三个中队，即第七十四、第七十五、第七十六中队。1942 年 7 月，陈纳德将原驻印度的第十航空队第五十一战斗机大队所属的第十六战斗机中队编到中国，并留下来，这样，特遣队共有四个中队，归驻印度新德里的第十航空司令官比斯尔统辖。

▲美国驻华航空特遣队

美国驻华航空特遣队的主要任务：

（1）保护"驼峰"空中补给线正常飞行。

（2）有效地歼灭在中国境内的日军飞机。

（3）破坏中国境内的日本陆、海军的军事设施，借此刺激中国的航战意识。

（4）阻止长江、黄河以及沿着中国海岸进行的日军运输工作。

（5）破坏泰国、印度、缅甸以及台湾的日军基地，阻止日军从中国越过泰国等地，向缅甸集结。

（6）破坏日军后方补给处，以及日军的飞机制造设施，打击日本空军的实力及士气。

7月初，美国驻华航空特遣队成立之后就立即出击汉口、南昌、广州等地的日军机场、码头及舰船，取得了一定的战果。但在8月以后，由于航空汽油、弹药及其他物资供应不足，美国驻华航空特遣队被迫减少了出动次数。10月间，及时补充了一批 P－40 式 K 型战斗机和 B－25 式轰炸机，以及其他物资，美国驻华航空特遣队才恢复了活力。

10月24日夜，12架 B－25 式轰炸机在10架 P－40 式战斗机掩护下从桂林出发，于次日凌晨袭击了香港日军机场。轰炸机队长海因斯还印制了一批传单随炸弹一起投下。传单上俏皮地写着：这些炸弹是由那个老而无用的运输机驾驶员海因斯赠送的。因为日本广播电台曾说海因斯是个老而无用的运输机驾驶员。在美机返航时，26架日军战斗机才匆匆追来，企图截住美国轰炸机。正在高空盘旋的美国战斗机突然从日机后上方扑来，20架日机冒着白烟坠向地面。美国仅损失战斗机、轰炸机各1架。

11月23日至28日，美国驻华航空特遣队出征11次，突袭在北部湾海面上行驶的日军舰船，扫射了越南海防的日军军营，轰炸了广州兴河机场和黄埔码头。

12月26日，日本飞机进攻云南驿，在澜沧江上空遭到美国驻华航空特遣队机群拦截。战斗结果是日军战斗机3架、轰炸机5架坠毁。美国驻华航空特遣队也因这次空战，消耗了所存的油料和配件。在得不到及时补充的情况下，飞机只得停止行动。此后，日军因集中力量用于太平洋方面作战，无暇"光顾"中国内地，中国空军一度处于沉寂状态。

美国陆军第二十三战斗机大队在其成立后的几个月内，共击落、炸毁日军飞机149架，自身损失16架战斗机和1架轰炸机。

1942年下半年，中国空军各部队处于休整、训练阶段。除少量人员和飞机留在重庆、成都、昆明等地担任警戒之外，大批人员赴印度和美国受训，准备接收美国援华飞机。但中国空军仍抓住一切战机，争取出击。

10月27日，中国空军第二大队9架A-29式攻击机在第四大队10架P-40和P-43式驱逐机掩护下，袭击了山西运城日军航空基地，炸毁日军侦察机1架及机场跑道和多处建筑。这是中国空军在1942年下半年的首次出击。

11月2日，中国空军第二大队4架A-29式攻击机夜袭了武汉江汉关日军油库及机场。22日，第一、第二大队共出动5架CB式轰炸机和6架A-29式攻击机，轰炸了湖北沙市的日军机场、码头及船舶。中国空军出击次数虽少，但却用行动证明了自己的存在和顽强的斗志。

1943年1月10日，第四大队13架战斗机，由四川梁山机场起飞前往湖北荆门，袭击那里的日本陆军航空队第四十四战队机场，炸毁日机3架及机库、营房等。在袭击中采用美式训练的超低空轰炸法，被日军地面炮火击落两架，第四大队第二十三中队分队长莫同浙、第二十二中队飞行员黄光润阵亡。这种轰炸方式虽然命中率高，但容易被敌击中。后来美国发明了轰炸瞄准具，装置在轰炸机上，可以在高空瞄准，由领航员在观察到目标时指挥操纵，这样提高了投弹命中率，并减轻了自己的危险。

2月24日，18架日机袭击四川万县，中国空军驻梁山机场的第四大队4架战机追击，第二十二中队飞行员许晓民驾P-43机2104号与日机3架格斗，被击中坠落于万县太龙乡河内牺牲。

▲梁山机场停放的美国飞机

◎ 美国第十四航空队和中美混合团的组建

1943年3月10日，为了加强中国战区的美国空军的力量，美国驻华航空特遣队扩大，成立了美国第十四航空队，陈纳德任指挥官，后晋升为陆军少将，第十四航空队直接受美国陆军航空队司令阿诺德指挥，初期辖有第二十三战斗机大队及第十一中型轰炸机中队，其中有不少中国空地勤人员直接参战或承担保障任务。

第十四航空队成立后，先后得到 B－24、B－25 轰炸机及 P－38、P－47、P－51 等性能更优越的战斗机，使航空队更具有进攻能力。1943 年 5 月 4 日，第十四航空队 18 架 B－24 飞机、12 架 B－25 飞机从昆明起飞，在 24 架 P－40 战斗机的掩护下，空袭了河内、海防、三亚等日军目标，给日军的水泥厂、机构、码头、炬油厂和油库等设施造成了重大破坏。1 架飞机被毁，机组人员阵亡，第十四航空队首次作战便取得了成功。

▲驻芷江美空军第十四航空队队员在 B－25 战鹰式轰炸机前合影

1943 年 6 月，中国政府接受了陈纳德的建议，在印度的卡拉奇建立战斗飞行训练中心，由美国的黑顿准将和中国的李疆雄共同负责。从 1943 年 7 月到 1944 年 4 月，中国空军第一大队、第三大队、第五大队人员分批前往受训，训练低空编队、轰炸射击、战斗机和轰炸机的协同作战等，并配备了美国人担任队长，副队长，分队长及地勤官员和机械师。中心的教官均由美国军官担任。

1943 年 10 月，以受训的三个大队及原"飞虎队"部分人员共同组成的"中美航空混合团"在桂林成立，归陈纳德指挥。混合团各级设有中、美两方指挥官，中方司令为张廷孟中校，副司令为蒋辅翼（后为徐焕升中校），美方司令为摩斯上校（1945 年 3 月后，由本奈特上校接任），副司令为裴纳特上校。混合团下辖三个大队，各大队下辖四个中队。第一大队是轰炸机大队，中方大队长是李学炎少校，美方为布兰契中校。第三大队是战斗机大队，中方大队长是范金函少校，美方为本奈特中校。第五大队是战斗机大队，中方大队长是向冠生少校，美方是柔斯中校。中美航空混合团属中国空军序列，到1944 年夏，其装备有 60 架 B－25 轰炸机和 100 多架战斗机。

中美航空混合团的作战方针是"协助我地面部队作战，削弱敌在我国大陆上进攻力量，并打击敌驻华空军，获得空中优势"。

从后来的战斗实践看，混合团不负使命，出色地与中国空军其他部队及美国第十四航空队一起夺回了中国的制空权。

在这里值得一提的是，美国志愿队、美国驻华航空特遣队和第十四航空队在华助战期间也得到了中国政府和民众的大力协助。

中国政府颁发给来华助战的飞行员识别标志，上书"来华助战洋人（美国），军民一体救护"。飞行员将此标志编在衣服上，一旦战斗中出现危险，落在地面，就会及时得到中国人的救护。

1942 年 4 月 18 日，从美国海军"大黄蜂"号航空母舰上起飞、由杜立特率领的轰炸日本本土的 16 架 B –25 型轰炸机，返回途中在中国浙江、安徽等地迫降，得到中国百姓救助。

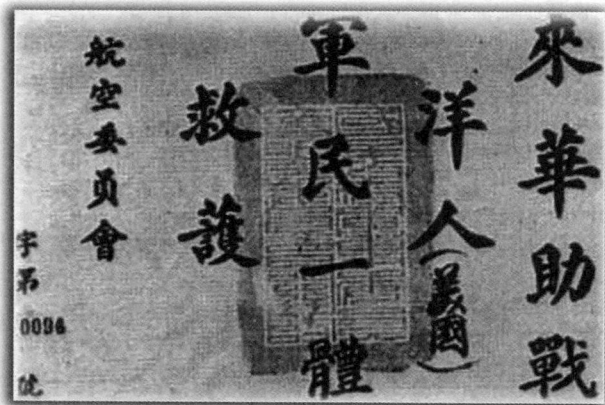

▲来华参战的美国飞行员的军装上都缝有这样一块绸布，上面写着"来华助战洋人（美国），军民一体救护"的中文字样。

1944 年 6 月 9 日，美军第十四航空队中尉队员白格里欧在太原上空执行空袭任务时，因机身受伤迫降，被八路军游击队救护，后由晋察冀部队转送归队。

1944 年 8 月，新四军营救了 5 名美国飞行员。抗战期间，后方及抗日根据地全力营救来华助战的飞行员，这里只举一二，说明来华助战的战士们和中国人民的鱼水情。

◎"驼峰"空运

1942 年 4 月 29 日，日军在 10 余架飞机、30 余辆坦克的配合下，攻占缅北重镇腊戌，随后又攻占了曼德勒、密支那等地，国际援华物资的最后一条通道——滇缅公路被切断。

抗日战争全面爆发后，北平、天津、南京、上海等大城市相继失陷，1938年10月，广州、武汉沦陷。由香港经粤汉线运进物资的重要国际路线中断，中国与海外的国际通道只有从昆明经滇越铁路通往越南海防，从昆明经滇缅公路到缅甸腊戍再转仰光，从新疆公路通往苏联等三条。1940年9月，日军占领越南河内、海防，滇越公路中断；1941年6月，德国进攻苏联，苏联自顾不暇，通往苏联的国际路线名存实亡。最后一条国际路线——滇缅公路，1940年英国屈服于日本的压力曾一度封闭。

滇缅公路被切断，使中国抗战所急需的大批战略物资无法得到供应，形势十分严峻。这不仅对中国战场及太平洋战场产生影响，对世界反法西斯统一战线和美国的利益也产生了影响。开辟新的渠道，运送急需的作战物资，成为中美两国首脑优先要解决的问题。

国民政府外交部长宋子文最早提出了空运的建议，希望美国从印度阿萨姆开辟一条航线，美国陆军航空兵司令阿诺德也建议开辟中印空中航线，美国军政首脑为此进行了激烈的争论。1942年5月，美国总统罗斯福宣布不计任何困难，开辟空中航线。5月17日，美国陆军空运中心的有关人员抵达印度卡拉奇，为空运进行准备。从5月起，由美国陆军空运队和中国航空公司共同承担从印度飞越喜马拉雅山脉，向中国运送物资的空中桥梁架了起来。

当时空运的基本航线有两条：一条是从印度汀江起飞，经葡萄、程海到昆明，称为北线；一条是从汀江起飞，经奈尔卡河叉、云龙、云南驿至昆明，称为南线。尽管南线飞越的山峰低，气候条件好些，但距日军所占领的缅甸密支那，八莫机场较近，容易遭到攻击，因此很少使用。1943 年 10 月，又新辟了汀江—叙府（今宜宾）、汀江—泸州、户普西—新津、加尔各答—昆明等几条辅助航线。

▲"驼峰航线"是世界航空史和军事史上飞行高度高、气候条件恶劣、最为艰险的空中战略运输线

这些航线飞越的地形复杂，须横跨喜马拉雅山、高黎贡山、萨尔温江、怒江直至中国云南高原和群山环绕的四川，绵亘起伏的高山陡谷很像骆驼的肉峰，故人们把这些航线称作"驼峰航线"。

在航线上飞行的飞机主要是载重 3 吨的 C-53、C-47 和载重 7 吨的 C-46 双发运输机。这些运输机与一般运输机不同的是，都漆有墨绿色保护色，机组人员都配备了降落伞。

"驼峰"飞行的困难很大。第一是当时的活塞式飞机飞行高度受限制。C-47 和 C-46 要飞 6000 米和 7000 米高都已是极限飞行。飞机没有密封座舱，飞行员只戴氧气面罩，体力消耗很大。第二是航线气象条件恶劣。每年雨季长达五个月。在雨季里，大部分飞行高度上都有连续性小雨，飞行员被迫作全航程仪表飞行。在旱季，气流不稳定，有雷暴和强烈的升降气流，飞机有时会急剧下降，每分钟下降 600—700 米，极易失去控制。高空有强劲的西风，时速达 150 公里，甚至 250 公里。如遇侧风，飞机会剧烈偏航，修正角最大可达 25 度。美军认为这里是他们在第二次世界大战中遇到的气象条件最恶劣的飞行地区。第三是地形复杂，所经地区全是崇山峻岭，急流峡谷，备降场很少，而要想寻找一块迫降地几乎是不可能的。跳伞下去，因人烟稀少，生还的可能性也很小。第四是有敌人飞机拦截。在盟军未攻克密支那以前，常有日本歼击机中途截击，毫无自卫能力的运输机很难摆脱。

正是在这种种困难的条件下，中美航空员运送了大量的援华物资。在跨越驼峰的最初几个月内，由于条件恶劣，运输量小。在 6 月到 8 月，美国空运队共运 500 多吨援华物资，中国空运队共运 380 吨。1942 年 11 月，天气较好，美国空运队达到 819.7 吨，中国空运队达 316.5 吨。1943 年 10 月，美国空运队增至 7240 吨，中国空运队也增加为 1122 吨。1944 年 7 月，美国空运队猛增至 2.6 万吨，1945 年 7 月升到 7.1 万吨，达到空运顶峰。

1942 年 5 月至 1945 年 9 月，美国空运队共运输物资 65 万余吨，中国空运队共运输援华物资 5 万余吨和出口换汇物资 24720 吨，人员 33477 人。除此以外，许多美国援华的作战的飞机也是从"驼峰航线"飞到中国的。

"驼峰"空运的这些物资是中国抵抗日本侵略者不可缺少的作战物资，它对支持中国军民的抗日作战起了重要的作用。同时，也正因为存在上述种种困难，驼峰飞行所付出的代价是高昂的。在三年多的空运中，中美两国空运队损失飞机 468 架，中国空运队损失 46 架，中美飞行员共牺牲 1000 多人。美军方认为，驼峰飞行的危险性不亚于欧洲战场的盟国对德战略轰炸。1946 年美国的《时代》杂志第一期记载："至战争结束，在长 520 英里，宽 50 英里的航线上，飞机残骸七零八落地散布在陡峭的山崖上，人们称之为'铝谷'。在晴朗的天气，飞行员可以把这些闪闪发光的铝片堆，作为航行地标。""驼峰"飞行，是在复杂的自然条件和恶劣的战争环境中进行的，可以说是世界航空史上的一项创举。

▲"驼峰航线"共向中国运输战略物资 80 多万吨，平均每天有 100 多架运输机在航线上穿梭飞行。图为正在装卸物资的昆明机场。

中国空军反攻作战

太平洋战争爆发后，日军取得了初期的暂时胜利。但是随着战线的延长，时间的推移，日本国力不堪重负，各方面都出现了危机。在太平洋战场，1942年6月4日的中途岛海战成为日军从胜利走向灭亡的转折点。在中国战场，1943年4月的鄂西会战成为中日空战的转折点。

从1943年到1945年，中国空军、美国第十四航空队和中美混合团并肩作战，袭击日军航空部队基地，支援常德战役，豫湘桂战役中轰炸日本本土，对中国夺取抗日战争的最后胜利起到重大作用。

◎ 中日空战的转折点——鄂西会战

1943年2月，日军为了改善在中国战场日趋不利的战略态势，日本大本营向中国派遣军下达了《1943年度帝国陆军对华作战指导方针》，规定：大致确保并稳定现已占据领域，粉碎其继续抗战的企图，制止敌人之反攻，并扼制敌空军的猖獗活动，尽力防止敌空袭帝国本土。并规定于1943年春季以后的一段时期内，向中国派遣军增加战斗机、重轰炸机各两个战队，并先从满洲方面抽一个飞行团增强关内航空作战，以协同南方军击破中国内地特别是西南方面的中国空军势力，尤其是在华美国空军。这一作战指导计划表明，在华日军除在地面力图以攻为守、稳住占领区、防止中国的反攻外，在空中战场力图保住即将丧失的主动权，并以防止中美空军进袭日本本土为重要任务，航空作战实际已由攻势为主向防御为主转变。

1943 年 4 月，日军为解决中国军队对武汉地区的威胁，在长江南岸发动攻势，打击鄂西中国第六战区主力和中美空军打通长江上游航线夺取停泊在宜昌的船舶，占领洞庭湖区谷仓。为此，日本陆军航空队的第二十五、第九十、第三十三、第四十四战队在汉口、荆门等地集结了 248 架飞机，配合地面部队进攻。

中国第六战区对日军的进攻进行了反击，中国空军第一大队、第二大队、第四大队、第十一大队同美国第十四航空队约 165 架飞机进行了有力的配合。

5 月 19 日，日军围攻宜昌和宜都间的中国守军，中国空军第四大队出动 8 架 P－40E、4 架 P－43 型飞机轰炸湖北枝江洋溪镇附近长江中的日舰。副大队长徐葆均驾驶的 1103 号飞机俯冲攻击时，被敌舰炮击落，徐葆均牺牲。

5 月 25 日，中国空军第四大队在队长蔡向阳率领下由四川巴县起飞 15 架 P－40E 型飞机，分两批轰炸扫射了湖北长阳及宜昌一带的日军，第二十三中队副中队长杜兆华用机枪扫射地面日军时，被日军高射炮击中牺牲。

5 月 27 日，中国空军第一大队大队长姜献祥率 7 架 CB 式轰炸机自四川温江出发，计划轰炸鄂西长阳敌军，却错炸了宜都。机群返航到四川石柱县境内时，因天气恶劣，飞行员郭岳生所驾的 117 号机出现故障，在迫降过程中机毁人亡。同一天，第四大队 8 架 P-40 式驱逐机掩护第二大队 6 架 A-29 式攻击机出击湖北长阳，第二十二中队副中队长张祖塞被敌高射炮击中身亡。

5 月 29 日，日本陆军飞行第三十三、第二十五战队及第90 战队联合向四川梁山发动进攻。中国空军第一大队 6 架 CB 式轰炸机闻讯起飞疏散，飞至眉县上空时，因天气恶化，视线不清，两架飞机相撞坠毁。

6 月 2 日，被中国军队击退的日军第 3、第 39 师团等部渡江逃往宜昌时，突遭美机群的猛击，大批敌兵葬身江中。

6 月 6 日，中国空军又派飞机协助地面部队作战，机群往返频繁，防空情报网很难鉴别。当 12 架中国及第十四航空队的飞机由前线返回四川梁山机场时，日本轰炸机 8 架、驱逐机12 架利用云层掩护偷袭了梁山机场，毁伤了机场的 P-40 型飞机 15 架。中国空军第二十三中队长周志开在日机投弹时，

▲1943 年摄于梁山机场的国民政府战斗机

来不及扣保险带，冒险起飞，单机起飞冲向敌机群，击落了日轰炸机 3 架，创造了个人一次击落日机的最高纪录，周志开成为抗战后期的著名空中英雄。

在中国空军的有力配合下，中国军队 6 月 8 日克复了宜都，6 月 10 日，长江南岸的日军全部撤退到北岸。

在鄂西会战期间，中国空军和美国空军第十四航空队自 5 月 19 日起，对汉口、荆门、沙市、宜昌等地的日军机场及前线阵地，进行了猛烈攻击，并出动驱逐机 326 架次、轰炸机 80 架次、击落日机 41 架、炸毁日机 6 架、炸沉炸伤日军舰船 23 艘，毙伤和毁坏人马车辆甚多。

在鄂西会战中，已开始出现敌我空中优势易换的征兆，它标志着在美国的支援下的中国空军开始由防御转向反攻，而横行中国领空的日军航空队从此走下坡路了。

◎ 袭击日军机场和运输线

1943 年下半年，特别是从 1943 年冬开始，中、美空军主动出击，频繁袭击日军的主要航空基地、码头、车站及军队集结地，侦察机几乎飞遍了包括东北在内的中国沦陷区的上空，日军水上和陆上补给线常常因遭空袭而中断。

1943 年 7 月 26 日，美国第十四航空队 P－40 战斗机掩护 B－25 轻轰炸机轰炸汉口机场，炸毁棚厂及机库多座和日军飞机 2 架。日本陆军飞行第三十三、第二十五战队出动拦截，双方在空中展开激战，在激战中，击落日机 3 架。美国 P－43 战斗机损失 2 架。在第十四航空队服役的中国飞行员李鸿龄在低空扫射时，被日军高射炮击中牺牲。

8 月 23 日，中国空军第四、第十一大队的 8 架 P－43 式、

10 架 P－40 式、1 架 P－66 式驱逐机起飞拦截袭击重庆和万县的日本陆军第八飞行团的 54 架轰炸机和 20 多架战斗机，在作战中，击落日军轰炸机 2 架，自己也损失 2 架，分队长苏任贵、飞行员段克恢在空战中阵亡。

1943 年秋，美国第十四航空队获得了一批新型的 P－51 式战斗机，这是第二次世界大战中最先进的机种之一，时速最大可达 700 余公里。侵华日本陆军航空队这时虽也装备了二式战斗机，但最大时速为 605 公里，远比不上 P－51 式。

9 月 9 日，美国第十四航空队 8 架 B－25 式轰炸机在 P－40 式战斗机掩护下袭击了广州白云机场，击中了地面的日军飞机库和营房。日本陆军飞行战队被迫起飞迎战，第八十五战队中队长中原义明被击中，坠机身亡。

此时，侵华日本陆军航空兵第三飞行师团师团长中圜盛孝中将、作战主任参谋宫泽太郎中佐等人，乘军用运输机从台湾嘉义飞往广州，在黄埔附近上空，遇到第二批来袭击的美国战斗机。数架战斗机前后夹击，将日运输机击落，机上的日军官兵全部毙命。中圜盛孝成为死在中国的日军航空队军衔最高的将领。

10 月 1 日，美国第十四航空队出动 20 架 P－40 式和 1 架 P－38式战斗机，掩护 22 架 B－24 式重轰炸机，轰炸越南海防日军码头、仓库及船舶，爆炸燃起熊熊烈火。40 多架日机起飞拦截，被击落多架。美机损失 3 架。在第十四航空队服役的中国飞行员陈炳靖座机被击伤，在返航途中，在云南宜良上空起火，陈炳靖跳伞获救，同机的王德敏殉职。

12 月 24 日，美国第十四航空队出动 6 架 P－51 式、24 架战斗机 P－40 式从桂林起飞，其中有 5 架飞机是由中国飞行员洪其伟、董裴成、陈本濂、黄继志、黄胜余驾驶的。这 30 架战斗机掩护美国第三〇八大队的 28 架 B -24 轰炸机袭击日本陆军航空兵的重要基地——广州天河机场。在途中，10 架日机从高空向美飞机发动进攻。激战中，日机被击落 3 架。美战斗机 2 架、轰炸机 1 架坠毁。

1944 年 3 月 4 日，中美空军混合团第三大队和美国第十四航空队联合出动 24 架 P -40 战斗机、6 架 B -25 式轰炸机从桂林三个机场分头起飞，向北飞出，给日本在桂林的间谍造成错觉，然后升空后不久，编队右转弯低空飞向南海，袭击了海南岛日军海口机场。当美军飞机突然出现时，日本海军第二五四航空队措手不及，地面上的 18 架战斗机和 2 架轰炸机被炸毁，强行起飞的 10 架战斗机和 7 架轰炸机被击落数架。

在中美空军轰炸日军机场等设施的同时，还跨海轰炸了台湾日军机场。11 月 25 日，美国第十四航空队第三〇八大队大队长文森特率领 12 架 B -25 式轰炸机，在第二十三大队大队长希尔率领的 8 架 P -38 式和 7 架新到中国的 P -51 式战斗机掩护下，自桂林出发，在江西遂川加油后，避开日军的警备雷达，从低空越过台湾海峡，突然出现在日本海军的新竹机场上空。两架 P -38 式驱逐机首先俯冲扫射机场，两架正在起飞的日军零式战斗机被击毁在跑道上，造成堵塞，大部分日机不能继续起飞。接着，美机对新竹机场实施了饱和轰炸，将所带的炸弹倾泄一空。停在地面的日机 30 余架均被炸毁，强行升空的日机也被击落 4 架，美机仅损失 1 架。此次突袭，使驻台的日本海军航空兵损失惨重。中国空军第一大队、第三大队的部分飞行人员也参加了这次行动，担任副驾驶或领航员，其中有李学炎大队长。

中美空军在轰炸日军机场、码头等军事要地的同时，从

1943 年冬开始，不断袭击在海上航行的日本油轮、货船，打击日本赖以生存的海上生命线。

▲袭击新竹机场

11 月 4 日，中国空军第一大队第二中队队长谭德鑫和飞行员高锦纲各驾一架 B－25 轰炸机，由美国第十四航空队第十一中队一架 B－25 机引导，经广东南雄、惠阳、汕头作巡逻飞行，在福建厦门炸沉日本油轮、炮舰各一艘，在汕头机场炸毁日战斗机 3 架，轰炸机 1 架。

12 月 1 日，中美混合团和美国第十四航空队共出动 8 架 P－51 式和 24 架 P－40 式驱逐机掩护 13 架 B－25 式轰炸机由桂林起飞，奇袭了香港九龙码头和红礴船坞，使码头上多处起火，船坞遭到严重破坏，日大货轮和待修船各一艘，被炸沉。当美军飞机完成任务后返航至中山县上空时，遭到敌战斗机拦截。经一番空中格斗之后，日机两架、美机一架被击落。

12 月 23 日，中国空军第一大队飞行员林济洋、丁毅严各架 B－25 式轰炸机，在福建至厦门海面巡逻，炸毁日军一艘运输船。

1944 年第一个季度内，中、美航空兵多次出击香港和湖南、江西、安徽等地，共击沉敌军大型船舶 16 艘、中小船只 20 多艘。据日方统计：1—3 月，中、美飞机对中国东南海面的日军舰船袭击达 76 次。2 月 29 日，中国空军第一大队的两架 B‒25 式轰炸机从桂林二塘机场起飞，轰炸安徽芜湖至安庆之间长江日军舰艇，击中大型运输船"崎户丸"。在日军炮火的攻击下，一架中国飞机被击落。飞行员张天明、轰炸员浦良楼、通信士曾明夫等四人阵亡。

这样，日军水上、陆上运输线再也不是安全的了。

◎ 支援常德会战

1943 年秋，太平洋战争的形势发生了根本性的变化，日军已被迫转为守势。在印缅地区，盟军也在计划反攻缅甸。日军为了策应太平洋战场和印缅作战，牵制中国军队由四川、湖南调至滇、印，提出了进攻湖南常德和安徽广德的战役计划。1949 年 8 月 28 日日军中国派遣军制定的《1943 年秋季以后中国派遣军作战指导大纲》明明指出，进攻常德附近，搜索并消灭中国军队的主力，摧毁中国第六战区的根据地，削弱中国军队继续抗日的企图，牵制可能调往云南的中国军队兵力，以策应南洋方面的作战。11 月 2 日，日军发动了常德作战。

中国军队于 10 月底完成了作战准备，国民政府军事委员会于 10 月 27 日电令中国空军对岳阳、沙市地区集结的日军进行轰炸，并致函第十四航空队准备配合常德会战。

为配合常德会战，日本陆军航空部队集中了第十六、第九十、第四十四、第四十五、第二十五、第八十五等战队及第十

七、第十八、第五十五等独立中队，共 253 架各式飞机。中国空军第二、第四、第十一大队和中美空军混合团及美国第十四航空队，使用了 B－24 轰炸机、B－25、A－29 轰炸机及 P－40、P－43、P－66 等驱逐机，共约 200 架。

为配合地面部队，11 月 2 日，日飞行第十六战队一个中队共 9 架轻轰炸机，在第二十五战队 29 架战斗机及 1 架侦察机的掩护下，袭击湖北恩施机场。驻守该地的中国空军第四大队和第十一大队的驱逐机立即起飞，分头迎击。第四十一中队中队长任肇基率领 4 架 P－66 式驱逐机升空后，与敌 10 多架战斗机及 9 架轰炸机相遇，击落敌战斗机 3 架、轰炸机 1 架，本身也损失飞机 3 架。第四十一中队副中队长颜泽光、飞行员张传伟、周福心阵亡。

11 月 25 日，中国空军第四大队、第十一大队及美国第十四航空队，先后出动各型飞机袭击常德外围日军增援部队，击毙日军第 3 师第 6 团团长中烟上校，并击沉江河水面日汽艇 5 艘、木船 40 余艘，毙伤大量日军。

11 月 28 日，日本陆军飞行第十六战队的轻轰炸机在支援第 116 师团进攻常德城时，投弹十多枚。因这时中、日步兵在常德城墙内外激烈争夺，双方犬牙交错，有的炸弹击中了日军自己的地面部队，造成不少伤亡。日本陆军飞行第十六战队在返航时，又同自己的战斗机发生误会，击伤了两架战斗机。

11 月 29 日，中国第四大队第二十一中队长高又新率领 4 架 P－43 式和 1 架 P－40 式驱逐机从湖北恩施起飞，飞往常德，为守军运送子弹，并侦察常德及洞庭湖一带的敌情。途中，先后同四批日机相遇，共击落日机 4 架，但飞行员杨驱驾驶的一架 P－43 式驱逐机失踪。

12 月 14 日，著名的空中英雄、第四大队第二十三中队少校中队长周志开，单独驾驶一架 P‑40N 机，由湖北恩施起飞，侦察沣县、石首、华容、安乡一带敌军，途中遭遇敌机，因寡不敌众被击中，坠于长阳县境内，周志开阵亡。

12 月 20 日，中美混合团第三大队第二十八中队中队长郑松亭率 7 架 P‑40 式驱逐机会合美国第十四航空队的 16 架同式飞机，共同掩护第一大队的 5 架 B‑25 式轰炸机和第十四航空队的 6 架同式轰炸机，袭击岳阳日军火车站仓库、兵站及运输设施。中、美飞机未遭敌机抵抗，炸弹多数命中目标，日军火车站及铁道遭到严重破坏。

常德会战于 1944 年初结束。在会战中，中、美航空队共出动 216 次，以轰炸机扫射常德、华容等地为最多。共出动轰炸机 280 架次，驱逐机、战斗机 1467 架次。空中共击落敌机 25 架，击伤 19 架，击毁地面敌机 12 架。常德曾于 1943 年 12 月 3 日失陷，但中国军队 9 日即收复，到 12 月 23 日恢复到原有阵地。

常德会战以日军失败告终，中、美空军在配合地面作战中，多为主动出击，中国战场的制空权已逐渐被中、美空军夺回。

◎ 豫湘桂空战

1944 年初，反法西斯战争在世界各主要战场节节胜利。在太平洋战场上，美军对日本的反攻与进攻不断增强，日本与南洋的海上交通线已被切断，它在中国的长江补给线在中、美空军的监视下也受到严重威胁。日本为挽救覆灭的命运，决定发动豫湘桂战役，要打通中国大陆南北地区，使其成为通向南方地区的大走廊，通达中国，将日本本土与南方战线联系起来。另外，中、美空军基地位于中国东南地区，很难抑制，如在华中、华南发动作战，打通粤汉线，即可抑制中、美空军的活动。

日本大本营把豫湘桂作战称作"打通大陆交通作战"，代号为"一号作战"。1944年1月24日下达的一号作战命令和《一号作战纲要》明确指出：击溃敌军，占领并确保湘桂、粤汉及京汉铁路南部沿线要地，以摧毁敌空军主要基地，从而制止其猖獗活动。

为发动一号作战，日军强化了在华日本陆军航空兵力。2月29日，日本陆军第五航空军在南京正式成立，原在华的第三飞行师团同时取消。不久，又调来了第二飞行团司令部及战斗机第九、第四十八战队，袭击机第六战队。到4月底，第五航空队共有作战飞机168架，其中战斗机84架，轻轰炸机40架，侦察机44架。

中国空军和美国第十四航空队在豫湘桂大战之前，也调集了相当的兵力，准备作战，具体部署是：美国第十四航空队和中美混合团共抽出六个中队，分驻南郑、梁山、恩施，共有72架P-40式战斗机。中国空军第二大队一个中队驻扎南郑，有12架A-29式攻击机。中美混合团或美国第十四航空队抽出一个中队的B-25轰炸机（12架）驻在梁山。美国第十四航空队的一个B-24重轰炸机中队（12架）驻成都。照相侦察机两架驻梁山。

美国第十四航空队调战斗机两个中队准备从成都进驻前进机场，支援平汉线作战，于3月20日先派一个加强中队（P-40式战斗机25架）到成都担任空防。

由于美国第十四航空队已抽出150架飞机援助盟军在缅甸的反攻，又必须分出相当兵力保卫成都附近的B-29式超重轰炸机基地，真正能抽出的兵力有限。豫湘桂空战的任务主要是由中国空军和中美混合团承担。

豫湘桂作战大致分为三个阶段：河南战役、长衡会战和桂柳战役。

（一）河南战役

1944年7月18日，日军第37师及独立第7旅于河南开封以西中牟一带渡黄河，向中国第一战区河圯守备部队发起猛烈进攻，并击溃了守军，从而拉开了大战序幕。4月20日日军占领郑州，5月25日，日军占领洛阳，攻陷河南全境。经过38天，河南战役结束。河南失陷后，中国空军仍继续在河南上空作战，持续到6月中旬。

4月28日，中、美空军24架B-24轰炸机在10架P-51式战斗机掩护下，袭击郑州以北黄河铁路桥，炸弹击中了桥身。担任守备任务的日军高射炮和第九飞行战队进行了反击。

5月1日，日军在侦察机、轻轰炸机的有力支援下，攻占许昌。午后，3架P-40式战斗机来袭，1架停在许昌机场上的日军直协侦察机被击中起火。同日，中、美飞机再次袭击了黄河大桥，命中11枚炸弹，并且对向洛阳前进的日军队伍进行了低空扫射。5月3日，一支B-25式轰炸机编队轰炸了黄河大桥，炸坏了两个桥墩，使大桥无法通行。

5月6日，2架P-40式、3架B-25式机，攻击了在新郑的日军第十二军司令部及战车部队，多次低空扫射、投弹，使敌人无法集中兵力进攻。同一天，中、美航空兵联合出动14架B-25式、19架P-40式、12架P-38式、9架P-51式飞机强攻汉口敌军机场，同敌机展开激烈空战，击落、击毁敌机多架。

▲第十四航空队出发攻击日军

5月12日，正当中、日重兵在洛阳地区血战之际，中国空军出动多批战机前往助战，第四大队第二十一中队中队长高又新从陕西安康率 7 架 P－40N 型驱逐机飞往洛阳、伊川一带，执行攻击任务。P－40N 型机为 1943 年接收的美制新机，时速可达 608 公里，升限 11850 米，可载弹 227 公斤。当我机群飞至洛阳西工地区上空时，发现地面聚集着日军坦克、装甲车 70 多辆，遂发起攻击。中国一架驱逐机被日军高射炮击中，分队长白熙珍被俘后惨遭杀害。同日，第四大队中队长刘尊率领另外 5 架 P－40N 型机也在西工击毁了日军车多辆，随后又飞至临汝—龙门公路上空，炸毁了行进中的七八辆日军汽车。

6月2日，中国空军第三大队第八中队 5 架和第七中队 6 架 P－40N 型飞机从安康出发，袭击了郑州火车站及附近的日军。中国空军的 7 架驱逐机俯冲轰炸和低空扫射，其余 4 架在空中盘旋警戒。日军机场上的飞机 1 架及火车 4 列、卡车 8 辆化为灰烬。这时 10 架日军战斗机突然从高空冲下，对中国飞机发动攻击。中国飞行员监危不惧，沉着应战，击落敌机数架，中国空军第七中队中队长张东民在空战中被击中，于商南迫降后失踪。

6月5日，中国空军第三大队8架P-40N型战机从西安起飞，攻击河南陕县、灵宝等地日军，炸毁日军坦克、卡车多辆，中国飞行员刘业祖在灵宝低空扫射时，被日军高射炮击伤座机，在潼关迫降时遇难。6月6日，中国空军第四大队2架P-40N型飞机西安出发，袭击山西平陆—河南陕县一线日军，击毁日军坦克数辆。第二十一中队飞行员李霖章的座机被日军地面炮火击中坠落于灵宝境内，不幸牺牲。

▲中国空军战机

6月9日，中国空军第三大队第二十八中队中队长郑松亭率领8架P-40式飞机从恩施出动，攻击宜昌萃福山日军阵地，第四大队派出9架P-40式飞机在上空掩护。攻击成功，正待返航时，日军 12 架一式战斗机突然从云中冲出，当即发生空战。6 架日机、1 架华机在激战中坠落，中国飞行员张永彰阵亡。

6 月 10 日，中国空军第三大队 6 架及第十一大队 1 架 P－40N 型驱逐机从西安出动，袭击了灵宝县虢略镇的日军。飞行员刘国栋在低飞扫射时，被日军高射炮击中身亡。

在河南会战中，中国空军出动 119 批，中美混合团出动 181 批，美国第十四航空队出动 12 批，共计 312 批，使用驱逐机 1646 架次，轰炸机 272 架次。据中国空军方面统计：击落敌机 32 架、炸毁 11 架，合计 43 架。此外，还袭击黄河铁路大桥 13 次，炸毁其他桥梁 16 座、各种车辆 1000 多辆、船只 36 艘，中国飞行员阵亡 24 人。但是由于豫中平原有利于日军坦克和机械化部队运动，不利于防守，加之担任平汉线防守任务的汤恩伯部被动消极，部署分散，防务混乱，导致河南沦丧。日军控制了平汉线。

（二）长衡会战

1944 年 5 月，日军依照其"一号作战"计划，在河南进攻的同时，又集结 20 万兵力，向湖南长沙、衡阳等地发动大规模攻势，企图击溃中国驻湖南部队，贯通粤汉铁路。5 月 27 日，日军分路由北向南推进，迂回包围长沙，长衡会战开始。

投入作战的日本陆军航空部队有第五航空军的第一、第二飞行团，共有战斗机 113 架、轻轰炸机 39 架、侦察机 47 架。6 月下旬，日本又将原属南方军的第八飞行团司令部拨归第五航空军，以加强对侵华航空兵力的指挥能力。中国空军第四和第十一大队、中美混合团及美国第十四航空队一部也参加了长衡会战。据日军侦察，当时中国空军及美国驻华航空兵共有飞机 600 架以上，其中在中国东南一线兵力为 200 架左右，实力已超过在华日军航空队。

从 4 月末起，日军集中兵力对中国空军的玉山、衡阳等重要机场狂轰滥炸，企图歼灭中、美航空兵的第一线有生力量。中、美航空兵及地面高射炮兵给予来犯敌军以有力回击。

6 月 10 日，24 艘日军汽艇从长沙北门丁字湾向白沙洲偷渡，遭到中国飞机的猛烈轰炸，其中 23 艘被击沉，伤亡日军 300 多人。6 月 11 日，在白沙洲上空，15 架日军一式战斗机同 18 架中国 P－40 式和 P－51 式驱逐机发生激战，互有少量伤亡。

6 月 17 日，中国空军第五大队 12 架 P－40N 型驱逐机从芷江出动，掩护 4 架 B－25 式轰炸机袭击了正在湘江中舰渡的敌军重炮部队船只，炸沉敌船多艘，使日军损失 150mm 加仑炮和 100mm 加农炮各两门及许多弹药，不少日军官兵也葬身江中。日本空军赶来，同中国空军交战，被击落 3 架，中国飞机被击落 1 架。飞行员戴荣巨珍惜战机，不忍跳伞，驾驶伤机返航，不幸坠落于长沙以西的安化县丛山中遇难。

6 月 18 日，日军集中四个师团之兵力强攻长沙。日军飞行第二十五和第四十八战队的一式战斗机 30 多架前来投弹、扫射。中、美航空兵也出动战斗机、轰炸机 30 多架，在长沙地区上空与日机展开了血战，1 架日机在空中爆炸，4 架敌机坠落地面，中、美航空兵也付出了一定代价。由于中国地面守军伤亡惨重，长沙失陷。

日军攻占长沙后，立即派出两个师团向衡阳前进。6 月 23 日，日军向衡阳发动第一次攻击。衡阳机场是美国第十四航空队的重要基地，可以起降大型飞机。日军第六十八师团挑选了 1000 余名敢死队员，于 6 月 25 日夜潜入衡阳机场附近埋伏。次日凌晨，日军炮击之后，这些敢死队员从南面突入，将机场完全占领。

6月26日，中国空军第五大队11架P-40式飞机从芷江起飞，袭击益阳水面的敌军运输船队，并同护航的日军战斗机发生遭遇，击落日机3架。中国机群继续前进，又在长沙附近上空同敌机空战，第二十九中队中队长林耀坠落于湘乡县仙女乡牺牲。

6月29日，中国空军第四大队21架P-40式飞机从芷江出发，分四批攻击衡阳附近的敌军阵地及活动目标，杀伤了大量敌人，中国飞机还同日军飞行第四十八战队的14架一式战斗机发生了激战。中国空军分队长陶友槐在低空扫射敌军时中弹牺牲。

7月以后，衡阳保卫战更趋激烈。中、美航空兵日夜出动，援助守军抵抗。日军也调整兵力，以第一飞行团支援敌第十一军进攻衡阳，以第二飞行团配合华南的第二十三军牵制中国的其他部队。

7月6日，中国空军第四、第五大队共出动11架P-40式驱逐机，由芷江飞至湘乡附近，偷袭日军浮桥及司令部。日机前来堵截，中国飞行员何国瑞在战斗中牺牲。

7月11日，中国空军第五大队19架P-40式驱逐机由副大队长张唐天率领，掩护美国第三〇八大队的27架B-24式重轰炸机轰炸了岳阳附近新市敌军补给中心，并击落日军战斗3架。

7月14日，中国空军22架P-40式驱逐机袭击日军白螺矶机场，击落在机场上空拦截的日军飞行第四十八战队一式战斗机和九九式袭击机各1架。7月15日，中国空军第四大队P-40式驱逐机群飞往衡阳支援地面作战，飞行员郑兆明被地面炮火击中身亡。同一天，日军调集了飞行第六战队的袭击机、第二十五战队的战斗机、第四十四战队的侦察机全力攻击衡阳守军炮兵阵地，支援地面部队的进攻。

7月19日，中国空军第五大队10架P-40式驱逐机再袭新市，同日军战斗机16架相遇，击落其中6架。其中，飞行员冷培树一人就击落两架。

7月22日，中国空军第五大队8架P-40式驱逐机出击衡阳，向敌军扫射投弹。接着，又向湘潭方向搜索。在航行中，同敌机相遇交战，第二十六中队中队长姚杰阵亡于邵阳隆回乡。

7月23日，中国空军第三大队21架P-40式驱逐机掩护第一大队6架B-25式轰炸机出击洞庭湖。一批日军战斗机飞来，被击落数架。另一批日机在中国飞机上空，虽处于有利位置，但不敢攻击，只是盘旋。当中国飞机爬高后，日机竟穿入云层，逃之夭夭。

▲中美空军混合大队的B-25中型轰炸机

7月24日，中国空军第五大队17架P-40式驱逐机掩护11架B-25式轰炸机出击日军白螺矶机场和洞庭湖上的敌船。

第二十九中队分队长冯佩瑾的战机被日军高射炮击中，坠于湖中牺牲。日军机场上的飞行第四十八战队一式战斗机被炸毁6架，遭重创3架，实力大减。

▲五大队战士群照，后左起：王蔚梧（十期第十七中队副中队长）、王德玉（十五期第二十七中队）、俞扬和（十五期第二十九中队）、凌和发（十六期第十七中队），前左起：陈海泉（十五期第二十九中队）、步丰鲲（十五期第十七中队）、张松仰（十期第二十七中队中队长）、周训典（十五期第二十七中队）

7月28日下午，20架P－40式驱逐机从低空奇袭了白螺矶敌军机场，停在机坪上的敌机大部分被烧毁或被击破。同一天，中国空军第四大队掩护衡阳守军向城郊敌军反击时，飞行员谭明辉在低空扫射时中弹牺牲。

7月29日，美国第十四航空队攻击了岳阳火车站的敌军，飞行员纽尔上尉被日军高射炮击中身亡。

8月8日，衡阳陷落，长衡会战告终。在会战中，中国空军共出动349批，美军第十四航空队出动202批，共使用驱逐机3974架次，轰炸机554架次，空战中击落日机70架，炸毁地面日机52架。此外，还炸毁日军火车站13个、桥梁25座、坦克和卡车等1858辆，并袭击了日军指挥部16次、机场30次、工事38处，炸死炸伤日军约7000人。在中、美飞机的袭击下，日军的水上、陆上补给线常被切断，有时因弹药用尽而被迫停止进攻。日军官兵吃不上饭，不得不用未成熟的稻谷充饥，连第十一军司令官横山勇也因此连日腹泻，十分狼狈。

（三）桂柳战役

1944年8月上旬，日军攻占衡阳后，为贯彻其打通大陆交通线并破坏中国空军基地之目的，继续发动桂柳作战，依照其"一号作战"计划，开始桂（林）柳（州）的作战准备。

在航空部队方面，日军将第十六航空地区司令部及第九十六飞行场大队调去，修复了衡阳机场，作为继续进攻的跳板。为了发动新的攻势，日本陆军8月间把装备了最新研制成的四式战斗机、担任东京防卫任务的飞行第二十二战队、装备二式战斗机的第二十九战队、装备九七式 II 型的重轰炸机的第六十战队等精锐部队先后调往中国，以增强第五航空军的实力。到9月1日，第五航空军可出动的飞机共有270架。日军航空队凭借四式战斗机一度占了优势，企图恢复在中国的制空权。

9月上旬，在日军第六方面军指挥下，第十一、第二十三集团军分别从湖南、广东向广西桂林、柳州地区发动进攻。9月14日，占领广西东北要地全县，打开了广西东北门户。中国空军沿途已无险可守，日军可直插桂林。接着日军连陷兴安、灌阳，于10月底进至桂林以南之良丰、阳朔等地，对桂林侧后构成包围态势。

自1944年8月初至11月9日，中、美空军为支援地面部队作战，主要以桂林、柳州、昆明为基地，共出动1386架次，在空战中击落日机34架，击伤10架，炸毁停在机场的飞机6架，炸毁车辆400余辆、大小木船578艘，破坏阵地、车站、库厂、指挥机构50余处、桥梁11座。

8月3日，中国空军第一大队出动B-25式轰炸机群袭击黄河铁路桥，张国庆被敌高射炮击中牺牲。

8月10日、17日，中国空军第三大队两次奇袭日军太原机场，共炸毁敌机40架，并击落日机3架。

8月24日，中国空军第一大队3架B-25式轰炸机俯冲至60多米高度，低空轰炸黄河铁路桥，将该桥炸成四段，日军运输中断达数日之久。

▲豫湘桂之战中，我空军轰炸黄河铁桥和日军目标。

8月28日，中国空军第五大队11架P-40式驱逐机和美国第十四航空队战斗机13架从芷江出发，袭击白螺矶日军机场。日军第二十二、第二十五、第四十八战队的战斗机分别前来拦截，共被击落 10 架，其中就有日本陆军的王牌——四式战斗机。中国损失飞机 1 架，飞行员徐滚失踪，美机 3 架下落不明。

8 月 29 日，中国空军第三大队 13 架 P－40 式驱逐机从恩施起飞，袭炸沙洋日军仓库、停车场及沿江敌船。飞至嘉鱼以西上空时，遇敌机 15 架。激战中，第二十八中队副中队长孟昭仪阵亡。同日，第五大队 11 架 P－40 式驱逐机会同美国第十四航空队 34 架 P－40 式和 10 架 P－51 式驱逐机，掩护 24 架 B－24 式重轰炸机，大举进击岳阳之敌。日军飞行第二十二、第二十五战队共出动一式战斗机 27 架、四式战斗机 13 架应战。在空战中，张唐天、冷培树各击落敌机 1 架，冷培树负伤后迫降在常德附近，周亮失踪。

9 月 16 日，中国空军第五大队 16 架 P－40 式驱逐机从芷江起飞，攻击了长沙以北的许家州敌军机场，与日军战斗机 12 架在湘潭上空交战，击落其中 5 架。

9 月 21 日，中国空军第五大队 15 架 P－40 式驱逐机袭击新市，同十多架日军战斗机激战。中国飞行员梁同生、张亚岗、杨少华、林雨水各击落敌机 1 架，美国飞行员共击落敌机 3 架，只有一架中国飞机受伤迫降，飞行员曲士杰牺牲。当天，日军第二十二战队的四式战斗机袭击西安机场，其领队长机被击落，战队长岩桥让三少佐毙命。这一架日军王牌飞机和优秀飞行员的损失，使其他在华日军飞行员心中深深地蒙上一层阴影。

9 月 22 日，中国空军第五大队 5 架 B－25 式轰炸机出击黄河铁路桥，炸毁第三段桥梁，使日军无法通行。

9 月 23 日，中国空军第五大队出动 4 架 B－25 式轰炸机炸

毁了平汉铁路的长台关、新安店两处铁桥，使日军铁道运输线
中断。

9月24日，中、美航空兵出动P-40式、P-51式驱逐机
共32架袭击了在广东西江上航行的日军船队，并同日军飞行
第八十五战队的8架战斗机交战，未分胜负。

10月6日，西江上的日军船、艇再遭受空袭。这次，敌人
已有准备，用高射炮不断还击。日军飞行第八十五战队再次前
来交战，中、日双方都损失飞机数架。

10月15日，美国第十四航空队出动飞机轰炸了敌军衡阳
机场，炸毁地面战斗机、轰炸机多架。

▲1944年，桂柳会战中桂林机场的美国飞虎队轰炸机从机场起飞
执行任务。

11月7日，美国第十四航空队的8架P-51式战斗机掩护
6架B-25式轰炸机攻击了同满铁路南部的运城、临汾。

11月9日，美国第十四航空队8架P-51式战斗机再袭衡
阳机场，同日军飞行第四十八战队的一式战斗机交火，击落日

机 1 架。

11 月 10 日，中国地面部队作战失利，桂林和柳州同一天陷落。此后，日军乘胜追击，一直打到贵州独山。到 12 月中旬，日军才被迫退至广西河池，同中国军队形成对峙。至此持续了八个月的豫湘桂大战结束。

日军的"一号作战"虽然攻占了桂林、衡阳等地的中国机场，中国空军的 7 个基地和 36 个机场被日军占领或摧毁，中美航空队的基地被迫后移。但是，具有远距离攻击能力的中、美航空队后退到西南地区机场后继续发动频繁攻势，仍紧握空中战场的主动权。

◎ 超级空中堡垒 B－29 重型轰炸机

为了配合太平洋战场的作战，1944 年美国决定使用新研制成功的 B－29 重型轰炸机，对日本实施长期大规模轰炸。

B－29 重轰炸机重达 62 吨，载弹量 9 吨，装有 10 挺机枪和 1 门机炮，并装有行进的 AQ－7 型机载雷达，有"空中堡垒"之称。

"空中堡垒"虽然性能优越，却是个庞然大物，对机场的要求也特别高。其主跑道长 2600 米，宽 60 米，铺设厚度 600 毫米，副跑道长 1400 米，宽 46 米，每个机场占地近 400 公顷。为了建立前进基地，1944 年开始在四川进行了马特霍斯工程。为实现这一工程量大工期又紧的工程，四川省在附近动员了 22 万名民工，在没有任何工程机械的条件下，完全靠肩挑背扛，用最原始的工具，经过四个多月的昼夜奋战，于1944 年 5 月 1 日，提前一个星期完成全部工程。当时美军 B－29 "空中堡垒"轰炸机部队组建不久，还没有实战记录，有关这张"王牌"的信息都是绝密信息，对外高度保密。广大民工并不知道他们是在为"空中堡垒"修建轰炸日本的机场，但他们清楚这一工程一定与抗日有关，一定有利于抗日，工程规模越大，说明价值越大。因此广大民工自始至终干劲十足，很多妇女儿童也自愿加入了工程队伍。

▲1944年，中国人民靠人力建起了供"空中堡垒"起降的机场。

2006年，82岁的美国原飞行员布朗曾回忆到："成千上万的人背着竹篓将石头运到这里来。人们将大石头打成小石块，然后用巨大的碾子将碎石块轧实。还有女人和小孩，也在跑道边砸石头。"曾穿梭于新津与昆明间的美国运输兵柯宾也曾感叹："有二三十万名中国农民在这里工作。他们有的排成一排用绳子拉大碾子，有的在路边砸石头，场面非常壮观，全靠双手修机场啊！这简直是人间奇迹！"

6月15日，美国第二十航空队出动63架B-29超级空中堡垒，从成都起飞，轰炸日本本土的九州八八幡钢铁厂。次日凌晨抵达目标后，倾泄了 400 吨炸弹，使日本的重要钢铁基地陷于瘫痪。轰炸后返回成都，往返飞行时间长达 20 小时以上。飞行员们出色地完成了任务。但因为飞机本身故障原因，有 7架受损，共有 55 名机组人员死伤。

▲1944 年 6 月 15 日 B－29 机群从成都空军基地升空轰炸日本本土

7 月 7 日，18 架 B－29 再次出击，轰炸了日本九州佐世保等地。日军第五航空军第二十五战队出动，在南京、信阳、随县上空拦截返航的 B－29。

7 月 29 日，72 架 B－29 机从成都机场起飞，轰炸日占鞍山钢铁厂。日军飞行团出动二式战斗机同 B－29 轰机进行了空战。鞍山钢铁厂被炸后，钢产量跌至原来的四分之一。

10 月 12 日至 16 日，从美国第三舰队航空母舰上出动1100 架次飞机，对台湾各地日军基地、港口进行大规模轰炸。驻成都的 100 多架 B－29 轰炸机也参与行动，于 14 日、16 日两次出击，轰炸了台湾冈山日军机场和飞机制造厂。

11月21日，109架B-29式轰炸机轰炸日本九州的大村，遭到日军四式战斗机的狙击，共损失10架轰炸机，飞行员伤亡53人。这是美国第二十航空队成立以来最大的一次损失。

12月18日，77架B-29轰炸机从成都机场起飞，分七批轰炸江口日军机场，使日本航空部队在中国的这一主要基地遭到了毁灭性的打击。

12月7日，91架B-29轰炸机袭击辽宁、沈阳的日军飞机场、兵工厂及火车站。

1945年初，B-29轰炸机从中国基地频繁出动轰炸了日本本土、中国台湾及新加坡等地。

由于B-29轰炸机可爬高万米以上，航速达每小时587公里，日军战斗机及高射炮都难以对付，所以日军曾五次袭击成都机场，企图把B-29轰炸机消灭在地面上。在9月9日凌晨，日军飞行第六十战队8架九七式重轰炸机、第十六战队和第九十战队的10架九九式轻轰炸机轰炸了成都附近的机场，使部分B-29轰炸机蒙受了一定的损伤。

美军在攻占了太平洋上的马里亚纳群岛之后立即修复和扩建了可供B-29轰炸机起落的机场。到1945年2月下旬，美国第二十航空队奉命离开中国，开赴太平洋上的马里亚纳群岛。

1944年6月至1945年2月，驻华美军第二十航空队的B-29式轰炸机群，共出动十余次对日本及中国东北等地的日军据点进行了大规模的轰炸，给日本以沉重的打击，有力地配合了盟军在太平洋战场的作战。

最后反攻　走向胜利

　　至 1944 年底，经过中美空军的联合打击，日军联合部队已成强弩之末。在中国战场，中美空军已取得了空中优势。1945 年 1 月 28 日，由于盟军反攻缅甸取得胜利，中断了三年的陆上援华通道恢复，大批满载着抗战急需物资的卡车从印度驶入中国。中美航空兵的油料、配件和弹药都获得改善，实力大为增强。此时中国空军已有作战部队七个大队和一个独立中队，即：中轰炸机第一大队（大队长王育根）、第二大队（大队长万承烈），重轰炸机第八大队（大队长洪养孚），驱逐机第三大队（大队长杨孤帆）、第四大队（大队长司徒福），第五大队（大队长张唐天）、第十一大队（大队长蔡名永），侦察机独立第十二中队（中队长方朝俊）。以上第一、第三、第五大队编为中美混合团，第二、第八大队（第八大队直到1945 年才学成回国，未赶上对日反攻）在美国训练。除此，还有一个空运大队。

　　美国第十四航空队编制也大为扩充。第十四航空队直辖的部队有：第六十八飞行联队，第六十九飞行联队，第三〇八重轰炸机大队，第四九〇轰炸机中队，第四二六夜间战斗机中队，第二十一、第十五照相中队，第二十七运输中队。

　　中美空军共有驱逐机 528 架，轰炸机 228 架，其他飞机数

10 架，总数在 800 架以上。

日本航空部队由于在太平洋战场被美国大量歼灭，面对日益增强的中美空军，被迫完全采取守势，并求助于陆军发动地面攻势，妄图从地面取胜占领中国空军的地面基地，先后发动了豫西、湘西作战。

在 1944 年 12 月到 1945 年 7 月，中、美空军先对华中、华北、华东、华南的日军航空部队予以严厉打击，同时，协助地面部队进行了豫西、湘西等地的作战。

1944 年 12 月 18 日，美国驻华第十四航空队、第二十航空队的飞机 154 架对武汉日军机场进行了大举攻击。武汉各机场是日军航空兵主要基地，是日军夜袭中国西南后方的前进基地，同时妨碍中国空军川、陕、鄂各省的前进机场飞机向东出击的去路，具有重要的军事价值，中美空军决定拔掉这颗钉子。在 18 日的攻击中，驻华美国空军投下的燃烧弹达 5000 吨以上，炸毁日军数十万吨的补给品和船坞、仓库等。

1945 年 1 月初，中、美空军又对武汉发动了连续三天的袭击。1 月 5 日，中美混合团第三大队出动驱逐机 P－40 式 23架，P－51 式 5 架，自湖北老河口出击，袭击武汉的王家墩、徐家墩、南湖等三个日军机场，炸毁地面飞机 39 架、库房四栋，并击落升空作战的日机 10 架。中国飞行员陈华熏、宁世荣牺牲，并损失两架飞机。1 月 6 日，中国飞机再次袭击武汉日军机场。1 月 11 日，第三大队驱逐机 P－40 式、P－51 式各11 架第三次袭击武汉。

在三次袭击中，共击落炸毁日机 71 架。日军在武汉地区的航空部队连续被打击之后，主力基本被消灭。之后，中美空军的攻击目标不断延伸，特别加强了对南京、上海等中心城市的袭击。

1月，中国空军其他大队也频繁出击，第四大队多次出击广西北部河池的日军，粉碎了日军再入贵州的企图；第一大队多次出击长沙、衡阳一带的日军；第五大队在一天内就出动4次，飞机40架次分别袭击了长沙、衡阳、湘乡、寒陵等地的铁道线及洞庭湖一带的日军。

2月10日，为了配合美军在菲律宾的进攻，中美混合团第三大队出动12架驱逐机，运往青岛日军机场，炸毁日机多架，日机没有升空应战。2月17日，第一大队25架轰炸机独立出去轰炸日军在华北地区的主要航空基地运城机场和临汾火车站、仓库等，未遇到日机的拦截。3月7日，第三大队10架驱逐机袭击南京明故宫机场和下关码头，飞行员王光复击落日机1架，美国飞行员击落日机23架。3月11日，第一大队轰炸郑州以北的黄河铁路桥及日军阵地，飞行员俞十骧被日军高射炮击中，阵亡。

1945年3月21日，日军为解除湖北老河口地区中国空军基地小豫西地区部队对其所占领的平汉铁路南段的威胁，发动了豫西鄂北战役。日军航空部队出动各型飞机106架，支援其地面部队作战。中国空军第四大队、第十一大队及中美混合团，直接支援地面作战和攻击日军及其后方，在西坪、西峡口作战中，实施低空射击，杀伤日军甚多，给地面部队以较大支援，对日军后方新乡、郑州、许昌、南阳地区实施的空中打击，也取得了显著成果。3月24日，中美混合团第一大队出动18次，使用B-25轰炸机43架，第三大队出动20次，使用P-40、P-51式飞机53架。25日，第一大队又出动13次，使用飞机25架；第三大队出动15次，使用飞机53架。豫西、鄂北的日军重要基地无不遭到空袭。3月30日，第十一大队P-40式飞机4架在轰炸豫西内乡的日军时，将日军第十一师团长炸伤。

在豫西鄂北战役中，中、美航空兵共出动338批，使用飞机 1047 架次，取得了很大的成果。

▲豫西鄂北中国空军编队出击

　　1945 年 4 月 1 日，美国军队在冲绳登陆，把战火烧到日本大门口。为挽救危局，驻上海的日本陆军航空部队倾巢出动，组成"神风特攻队"去攻击在冲绳登陆的美国军队。但这些飞机并未能改变冲绳日军的危局，到 6 月 22 日，美军完全占领了冲绳，岛上的日军全部被歼，神风特攻队也损失了 2300 多架飞机。

　　其间为了配合美军在冲绳的行动，中美混合团发起了对上海各日本空军基地的远程奔袭。4 月 1 日，中美混合团第三大队的 P－51 式机 40 架全部出动，袭击了上海的江湾、大场机场。在飞抵目标上空时，日军机场空空如也，一架在江湾机场强行起飞的日机被中国飞行员邢海帆当场击毁，黄浦江上空的几架日战斗机和一队返航的日轰炸机全部被歼。在后来的两天中，第三大队又连续出击，在武汉、南京等城市上空几乎未遇到日机的阻拦。日军航空部队几乎失去了抵抗的能力。

　　1945 年 4 月 10 日，日军为了侵占芷江空军基地，掩护湘桂、粤汉两铁路交通线，向湘西地区发动了攻势。配合地面作战的是日军侦察机独立飞行第五十四中队。中美航空兵为保卫芷江基地，积极配合支援了地面作战。参战的有中国空军第五大队、第二大队及第一大队的第四中队。

4月10日，中美混合团第五大队出动32架驱逐机，分七批轰炸和扫射了汉口、岳阳、湘乡、长沙、新市、归义、宝庆等地，炸毁日军车辆数千辆、地面飞机1架，毙敌十余人，军马40多匹。4月11日，第五大队又出动了驱逐机36架、轰炸机2架，分七批袭击了长沙、宝庆、衡阳、九江、羊楼洞等地。4月12日，第五大队的驱逐机掩护第一大队的轰炸机攻击了武昌火车站、宝庆等地，第二大队轰炸机袭击了湘桂一带的日军机场。4月18日，第五大队分十三批袭击了宝庆一带的日军。5月初，中美航空兵又多次出动多架飞机袭击了目标，有力地配合了地面部队的作战。到5月中旬，日军被迫放弃了攻占芷江的企图，向宝庆地区后撤。

▲"飞虎队"援华抗日基地芷江机场复航首飞成功

在湘西战役中，日军缺少空军的掩护，采取了避开公路、由崎岖山路及浓密森林中进袭的作战计划，以减少伤亡。中国空军在地面设置了六个对空联络电台，指示空军轰炸，扫射弹着点。陆军部队及时准确地布置板符号，指示空军进袭的方向，并对隐蔽在密林中的日军投掷汽油燃烧弹，给日军造成很大的伤亡。

在整个湘西作战中，中国空军和中美混合团共出动飞机920架次，击毁炮兵阵地 37 处、军车 304 辆，炸沉炸毁大小船只 1678 艘，击毙日军 6024 人和军马 1491 匹。

湘西作战后，中国空军不断出击河南、湖北、湖南、广西各地日军，并远程轰炸南京、上海等地的日军机场。

5 月 19 日，中美混合团第五大队两架驱逐机轰炸湘乡至湘潭的日军水上运输线，炸毁日军船只 25 艘。在返航时，飞行员姜福盛迫降新化桃花坪殉难。

5 月 28 日，第三大队 4 架驱逐机出击河南商丘，第三中队飞行员董斐成在低空扫射时，被日军高射炮击中阵亡。

5 月 31 日，中国空军第四大队出动 16 架驱逐机，袭击南京明故宫机场，炸毁日军大型运输机 1 架，日机 30 架起飞拦截，被击落 10 架。6 月 11 日，中国空军第四大队又出动 8 架驱逐机，从恩施出发，袭击江苏徐州日军机场，击毁地面飞机 1 架，击沉日军木船 3 只。分队长严仁典在低空扫射时，被日军高射炮击中阵亡。

7 月 21 日，中美混合团第一大队飞行员韩安丰驾机轰炸汉口机场，被日军高射炮击中，坠落，与同机的蔡得中、彭先昶、曹志瑶、雷昌龄一起遇难。同一天，第一大队第二中队的美国飞行员和中国轰炸员郭俊、射击士黎联坚一同执行轰炸河南遂平任务时，被日军高射炮击中阵亡。

1945 年夏，日军为准备对美、苏作战，缩短了中国战线，将华中、华南的部队北调，中国陆军乘机在湘南、黔东、桂北一线发动反攻。空军也空降伞兵，配合陆军作战。

伞兵团是 1944 年 1 月国民党在第五集团军内组建的。1945 年 3 月，美国派 300 多人的顾问团进驻伞兵团，并带来了他们的先进技术装备，这支部队直属国民党陆总司令部，共 20 个伞兵队，4000 余人。

伞兵团共进行了 33 次空降作战。7 月 12 日是首次，伞兵第一队的 180 人在美国第十四航空队的掩护下，从昆明呈贡机场起飞，在广东省开平县空降着陆后，即展开游击战。7 月 18 日，第二批中国伞兵空降到广西丹竹，在地面部队的配合下，对日军西江运输线构成了很大的威胁。7 月 27 日，中国伞兵第三次执行空降任务，空降到湖南衡阳。

中国伞兵活动约一个月后，日本投降，这些伞兵进入广州、衡阳等地，成为对日受降的先遣队。1946 年 3 月 16 日，伞兵队转入空军编制。

在八年全面抗战中，最后为国捐躯的中国空军是中美混合团第一大队第四中队的射击士颜邦定，8 月 3 日，他随着美国飞行员出击洞庭湖及湘江上的日本船只，被日军射击炮击中。

在八年全面抗战中，中国空军最后的一次作战飞行任务是在 8 月 14 日。第五大队飞行员沈昌德驾机从芷江机场起飞，到宝庆上空进行了一次气象侦察。

1945 年 8 月 14 日，日本天皇决定接受盟军敦促日本投降的《波茨坦公告》，准备无条件投降，并指示从速起草投降书。

又是一个"八一四"，人们不会忘记这个不寻常的日子！八年前，正是这一天，中国空军首战告捷，名震中外。中国人民不会忘记，中国空军不会忘记，这一天是中国空军的一座丰碑，这是纯粹的巧合，是历史的偶然，还是英雄们的精诚所至？

1945 年 8 月 15 日，日本政府向全国播放了天皇亲自宣读的《终战诏书》，九一八事变以来，长达 14 年的侵华战争，终以天皇的"玉音广播"而宣告结束。中国人同经过 14 年的浴血奋战，终于迎来了最后的胜利。全国人民为之振奋，英勇奋战的中国空军勇士们为之振奋。

▲日本投降仪式上的美国机群

8 月 21 日上午，中美混合团第五大队 6 架威风凛凛的P－51 式驱逐机在中国飞行员周天明、娄茂吟、林泽光、徐志广和美国飞行员葛兰芬、乐威的驾驶下前往洞庭湖上空，与一架两翼都系有 4 米长的红色布条，机头和机尾都飘着白旗的日本陆军四式运输机会合，并将其押回湖南芷江机场。中国飞行员周天明的战机首先着陆，日机循机场上空绕三圈后，跟着落地，其他战机相继着陆。从日机上走下了侵华日军洽降代表、副总参谋长今井武夫等人，他们被押至洽降会场，今井武夫献上了在华日军分布地图。

22 日，中国陆军总司令致侵华日军总司令冈村宁次的备忘录中明确指出："在本总司令所辖地区内，所有日本航空部队，凡可能飞行，及可能修理之航空机，应立即修正完备，并做好飞往湖北省恩施机场或其他指定机场之准备。至修理费时之航空机，及所有基地存储之弹药、武器、油类，应一律封存，并连同上述一切航空机造具详细清册，呈送本司令，听候派员点收。又所有机场，及飞机修理各种设备，应保存完好状态，仍造具详细清册呈送本总司令，听候派人接收。至空军地面部队及降落伞部队，则由我各地区受降主官分别按陆军部队投降办法接收之。"

9 月 9 日上午 9 时，在南京中央军校大礼堂举行的中国战区日军投降、中国受降的签字仪式上，中国空军第一路军司令和陆军参谋长康毅录、海军部司令陈绍宽代表陆海空军在受降书上签字。

抗日战争结束时，在中国大陆的侵华日本陆、海、航空队已没有几架完好的飞机，但地面设施及人员还有不少，主要是陆军航空队的。

在中国东北地区的为日本陆军第二航空军，司令部驻长春，司令官为原田寒一郎中将。在除东北以外的中国大陆上的日本陆军航空部队为第 13 飞行师团，司令部驻南京，师团长为吉喜八郎中将；在台湾的为日本陆军第 8 飞行师团，司令部驻台中，师团长为山本健儿中将。

当时，日本海军航空队也有部分兵力残留在中国。在大陆上的为驻上海的华中航空队和驻青岛的青岛航空队。华中航空队共有官兵3334人，青岛航空队有2588人。这两个航空队归日本海军中国方面舰队司令长官福田良三中将指挥。在台湾的海军航空队此时实力较强些，第二十九航空战队驻新埒，司令官为藤松达次大佐，辖有第一三二（驻虎尾）、第二〇五（驻台中）、第七六五航空队（驻冈山）。此外，还有独立的北台、南台航空队及高雄警备府附属飞行队（驻新社）、第六十一海军航空厂（驻员林）以上各部共有飞机389架，其中完好的289架，在台湾的日本海军航空部队全归日本海军高雄警备队司令长官光摩清英中将指挥。

除了在华日本陆、海军航空队向中国投降外，中国空军还接收了汪伪空军及在越南的部分日军航空部队的投降，在中国东北地区的日本第二航空军大部向苏军投降（锦州除外），苏航空军战斗机第15、第101旅团共缴获在东北的日军飞机861架。

日本投降后，中国空军立即组织力量，准备对日受降。当时，中国空军各飞行部队主要担负掩护和运送受降官员及部队前往敌占区执行受降任务，并抽出部分空地勤人员组成五个路司令部及十八个地区司令部（每地区司令部辖有一至四个地勤中队），赶赴各地接收在华日军航空队的武器装备，遣返战俘。有些地区司令部虽已有番号，但当时并没有实体。受降任务最繁重的是到台湾的第二十二、第二十三地区司令部。1945年11月1日，以大港口—南浊水溪一线将台湾划分北、南二区，南区及澎湖区由第二十二地区司令部受降；北区由第二十三地区司令部受降。接收力量共四个地勤中队、两个无线电区台及空军厂、库派出人员。年底，第二十三地区司令部被裁后，统由第二十二地区司令部负责。台湾全岛被分为十三个集中区，每区设一个接收管理组，负责点验接收日军航空队的飞机及其他武器装备，并进行维护保管，部分飞机及物资随即奉命内运大陆。

接收工作从 1945 年 9 月分别开始，到 1946 年 7 月底基本完成。中国空军共接收日本陆、海军飞机 1797 架，其中可用的 291 架，可以修复的 626 架。此外，还接受了驻华日本陆、海军航空队的 460 余万加仑油料、2877 部车辆、2539 万发航空机枪（炮）弹、210259 颗炸弹、5.3 万多支陆用枪炮及大批弹药、被服、粮食、装具、照相器材等。

中国空军接收日本飞机统计

区别	战斗机	轰炸机	侦察机	教练机	运输机	其他机	合计
南京	86	5	8	30	11	1	141
上海	62	8	14	85	6	12	187
杭州	—		11	30			41
汉口	13	4	6	1	1	1	26
广州	20	6	3	7	—	24	60
衡阳	1	—	—	—	—	—	1
新乡	5	3	6	1	—	—	15
济南	1	35	6	23	—	—	65
北平	57	10	4	55	20		146
锦州	118	3	—	23			144
台湾	461	105	92	250	30	—	938
越南	10	2	1	12	1	7	33
总计	834	181	151	517	69	45	1797

中国空军对日受降时部队编制

第一司令部　　　　　　驻沈阳

第二司令部　　　　　　驻北平

第三司令部　　　　　　　驻西安

第四司令部　　　　　　　驻汉口

第五司令部　　　　　　　驻重庆

第一地区司令部　　　　　驻南京

第二地区司令部　　　　　驻上海（后与第三地区司令部合并）

第三地区司令部　　　　　驻杭州

第四地区司令部　　　　　驻汉口

第五地区司令部　　　　　驻南昌

第六地区司令部　　　　　驻广州

第七地区司令部　　　　　驻衡阳

第八地区司令部　　　　　驻新乡

第九地区司令部　　　　　驻济南

第十地区司令部　　　　　驻北平

第十一地区司令部　　　　驻阳曲

第十二地区司令部　　　　驻归绥（今呼和浩特）

第十三地区司令部　　　　驻沈阳

第十四地区司令部　　　　驻长春

第十五地区司令部　　　　驻哈尔滨

第二十三地区司令部　　　驻台北（后与第二十二地区司令部合并）

第二十二地区司令部　　　驻台南

越南地区司令部　　　　　驻河内

为国捐躯 抗战英烈

◎ 中国勇士阎海文

　　1937 年 10 月，正值中日战争白热化之际，日本东京商业区新宿挂出横幅，上书"支那空军之勇士阎海文"，橱窗内陈列着阎海文的飞行服、降落伞、手枪、子弹壳等遗物。参观的日本民众络绎不绝，持续了 20 余日。崇尚武勇的日本人对这位不相识的敌方军人表示了深深的敬意。

　　阎海文，1916 年 6 月出生于辽宁北镇县一个普通的农民家庭。他自幼养成了刻苦耐劳的习惯，耿直刚毅的性格。他仰慕历史上的民族英雄，嫉恶如仇，渴望为国家为人民作出贡献。他在自传里写下了这样的律己之道："要修成高尚的人格、洁白的心地、健旺的体魄、坚韧不拔的精神，丰富的知识，有纯正品行和奋斗的精神，以礼待人，讲义气，重节操，讲信用，做个为国为民的好青年。"这正是他为人的真

▲阎海文

实写照。

1931 年九一八事变时，十几岁的阎海文目睹敌人的残暴，痛感国土的丧失，虽怀有满腔愤慨，无奈赤手空拳。他忍痛抛家来到北平，就读于北平东北中学。时光在流逝，他不能忘记家乡发生的一切，暗下决心，一定要报仇，把敌人赶出国土。于是，他努力锻炼自己的体魄等待时机。

1932 年"一·二八"事变后，日本武装侵略上海，看到日本的飞机对我国狂轰滥炸，他领悟到了"无领空便无领土"的思想，决心投笔从戎。1934 年，他报考了中央陆军军官学校和中央航空学校，竟同时被录取了。为能驾着神鹰痛快地歼灭敌人，他决定进航空学校，做一名神勇的飞将军。在航校学习飞行期间，他加倍努力，胆大心细，各科目都完成得很好，甚至在睡梦中还在背诵教官指示的飞行技术。在打靶射击考核中，他获得过空军军校训练史上首次百分之百命中的最佳成绩。

1936 年 10 月，从航空学校毕业后，阎海文被分配到空军第五大队第二十五中队当见习官。1937 年 4 月被任命为少尉飞行员，驻守南昌。

七七抗战后，长江下游形势日趋紧张。8 月初，空军第五大队由南昌移驻江苏淮阴。8 月 13 日淞沪抗战爆发后，第五大队驻扬州，承担着战场空军支援和首都空防的任务。在这场战斗中，中国守军士气旺盛，斗志高昂，给侵略者以沉重打击。

当时的战场集中在虹口、杨树浦市区一带日军占据的阵地周围。在虹口的日军海军陆战队司令部是一座钢筋水泥的堡垒建筑，非一般武器所能攻破，日军所占据的江山码头一带大厦林立，易守难攻，使装备和技术都处于劣势的中国军队进攻难以奏效。在这种情况下，8月17日，指挥部下达命令，要第五大队轰炸虹口日军海军陆战队司令部。阎海文主动请战，他说："我是东北人，是流亡者，我要打回老家去，要为东北三千万同胞报仇！让我去吧！"大队批准了他的请求。第二十五中队八架霍克机在副队长董明德的率领下，满载着仇恨，从扬州直飞上海虹口。11时到达目标，投入战斗，俯冲投弹。敌人阵地上的高射炮火猛烈异常，在飞机四周炸开，以致机身不时震动。但这丝毫没有影响阎海文和他战友们的杀敌之心，他们将一枚枚复仇之弹向敌人倾泄下去，全部命中目标，严惩了侵略者，胜利完成了任务。正在这时，敌人的高射炮击中了阎海文的2510号座机，他渐渐脱离了队形，机尾慢慢冒出浓烟，飞机失去了控制，就要坠下了。他被迫跳伞降落。地面上我军阵地上观战的战士和民众都为他担心，希望他能平安地降落到我方阵地上来，可是因风向稍偏，着陆后的他竟落到了敌人的阵地上。

阎海文知道自己误落敌阵后毫不畏惧，拉脱降落伞的带钮，拔出腰间的手枪，跳到一个土堆旁边。数十名日军从四面八方奔来，他们叫喊着"支那飞行员投降！""支那俘虏！"逐步逼近。年轻英武的阎海文愤怒了，"啪、啪、啪"三声，三个日本军倒地了，其余的敌人卧倒还击，双方坚持着。日军的翻译大声劝降，阎海文严词拒绝了，在又击毙了两个敌兵。当弹壳里只剩下最后一颗子弹时，敌人包围上来，要活捉这位中国飞行员。

面前是如海潮一般的敌人，抬头是祖国的蓝天，脚下是祖国坚实的大地，年轻的战士心里一阵辛酸，一腔热血直冲脑门，他高呼"中国无被俘空军"，从容地举枪对准自己的太阳穴，射出了最后一颗子弹。

　　阎海文宁死不受辱的节操，使日军丧胆，也得到他们的深深的敬重。他们安葬了阎海文，并在墓前立了一块石碑，上书"支那空军勇士之墓"。

　　1937 年 9 月 1 日，日本大阪《每日新闻》上登出了该报驻上海特派员关于阎海文事迹的报道，他由衷地慨叹道："中国已非昔日之支那。"

　　阎海文的名字传遍了中国大地，激励着中国军民更英勇地抗击侵略者，他义不受辱的崇高节操，表现了中国人民的民族气节。他是中华民族的骄傲！

◎ 沈崇诲舍身撞敌舰

　　1937 年 8 月，一架中国空军飞机带着机上的全部炸弹向停泊在上海附近白龙港的日军军舰俯冲，随着"轰"的一声巨响，敌舰顿时倾侧，猛烈地爆炸开来，沉入海底。驾驶飞机与敌人同归于尽的是年仅 27 岁的中国飞行员沈崇诲。

　　沈崇诲，生于 1911 年 6 月，祖籍江苏，后迁到湖北武昌定居。辛亥革命后，全家移居北京。他自幼聪明好学，喜欢听中国历史上民族英雄抗击侵略者的故事。1920 年，考入北京成达高等小学。这所学校当时以实施严格的军事体育训练而闻名。沈崇诲努力学习，刻苦锻炼，几年成绩都是名列前茅。升入著名的南开中学学习后，由于他酷爱体育运动，学习成绩一度下降。在老师和同学的帮助下，他逐步认识到，报效祖国光有强健的身体还不够，必须学好各门功课。他刻苦用功，终于考取了著名的清华大学，攻读土木工程系。他立志学好技术报效国家。

　　在校期间发生了震惊中外的九一八事变，日军侵占了中国东北。面对日军的侵略行径，沈崇诲积极投身抗日救亡运动中，他组织领导学生义勇军，随时准备开赴东北抗日前线，并到处宣传国际时事情况、抗日救国的道理，以唤起民众的爱国热忱。

▲沈崇诲

　　1932年7月，沈崇诲从清华大学毕业后，决心开发塞外，来到绥远省。当时，日本侵略的魔爪逐步伸向了华北及边疆地区，这深深地刺激了沈崇诲。他自知国家不在，焉能开发建设，决心投笔从戎，以卫国家。

　　1932年12月20日，中央航校在北平招收新学员。当时，科学技术还不很发达，航空被人视为冒险的事业，更何况要作为一个在天空打仗的空军飞行员。但沈崇诲为了能够驾起"铁鹰"击退侵略者，冒雪赶到北平，毅然报考航校，并以优异的成绩被录取，成为中央航校第三期学员。从此，他的生命不再属于他个人，而与整个国家的前途命运联系在一起。

在航校学习期间，他勤奋好学，有牢固的科学基础知识，身体强健，加之这一颗报国杀敌的决心，在历次考核中成绩优秀。在母亲病故时，他匆匆赶回家办理丧事。第二天就赶回杭州笕桥的航校，投入紧张、严格的飞行训练。毕业后，被留在航校担任飞行教官，不久升为空军第二大队第九中队中尉分队长。

1937 年 7 月卢沟桥抗战，中国全民族抗战开始。8 月，淞沪抗战爆发，沈崇诲所在的第二大队驻守安徽广德，装备是美制诺斯罗普轻型轰炸机。沈崇诲明白，为国立功、报仇雪耻的时候就要来了。8 月 14 日，第二大队奉令出击，轰炸日军第三舰队及敌在杨树浦码头堆放的军火，支援地面部队。上午 8 时许，沈崇诲和他的战友们在副大队长孙桐岗的率领下，驾驶轰炸机，从广德起飞。为了达到奇袭的目的，先由上海以西飞过浦东，然后，由东向西，进入目标区。这时，日军第三舰队以其旗舰"出云"舰为核心，用不同口径的高射火器构成严密的火网，企图拦截中国空军部队。怀着满腔仇恨的沈崇诲和他的战友们，冒着敌人的高射炮火，对目标进行轰炸，盘踞在公大纱厂和杨树浦码头的日军军火起火爆炸。敌人乱作一团，四散逃窜。看到敌人惨状，沈崇诲心里充满了胜利的喜悦，迅速脱离日军高射炮火力网，安全返回广德机场。

首次出击胜利，激励了年轻的飞行员们，他们吃过午饭，顾不上休息，返回机场，准备再战。下午他们再次起飞，在吴淞口上空，发现日舰十余艘正向南航行。第九中队全队飞机，向敌舰队俯冲轰炸，后安全脱离目标，返回机场。此后，第二大队每天连续出动大批飞机，轰炸上海日军。沈崇诲每天五六个小时冒着敌人的炮火在空中飞行轰炸日军舰队和登陆日军。数日的苦战，沈崇诲和他的战友们消瘦了，但他们并不叫苦，斗志昂扬地投入战斗。

8月19日，第九中队再次奉令轰炸日舰，沈崇诲和战友陈锡纯登上屡经战火而弹痕累累的904号战机。9时40分，在队长的率领下，驾机升空。当飞机飞至南汇县上空时，沈崇诲驾驶的904号飞机突然发生故障，机尾冒出浓烟，速度减慢，脱离了战斗队形。南汇是中国军队的占领区，如果迫降或跳伞都有生还的希望，但沈崇诲和陈锡纯看到冲向敌舰的战友们，热血沸腾，看到白龙港的日舰满腔仇恨，他们决心与敌人同归于尽。

沈崇诲看了看祖国的锦绣河山，又望了望后座的队友陈锡纯，两人互相点点头，驾驶冒着浓烟、满载炸弹的心爱座机从2000米高空对准一艘敌舰撞去。

敌舰沉入了大海。

沈崇诲带着未能将日本侵略者驱出国门、开发祖国西北的遗憾去了，他的壮举永世长存。

日军将领后来在汇山码头向日军全体海军陆战队训话时曾说："过去日俄战争时，大和民族勇敢不怕死的精神何

▲陈锡纯

在？现在已被中国的沈崇诲、阎海文夺去了！"

◎ 空军军神高志航

1937 年 8 月 14 日，在淞沪抗战中，中国空军创造了击落敌机四架而我无一伤亡的纪录。为纪念胜利，国民政府将这一天定为"空军节"，并且为此编了空军军歌：

> ……
> 八一四，西湖滨，
> 志航队，飞将军，
> 怒目裂，血飞腾，
> 振臂高呼鼓翼升；
> 群鹰奋起如流星，
> 掀天揭地鬼神惊。
> ……
> 发扬民族的力量，
> 珍重历史的光荣；
> ……

▲ 高志航

随着八一四的胜利，高志航的名字家喻户晓，他也被称为"空军军神"。

高志航，原名高铭久，字子恒，1908 年 5 月生于奉天省通化县（今属吉林省）。1924 年，他以优异的成绩毕业于奉天中法中学，并考入了东北陆军军官学校炮科，开始了他的戎马生涯。当时张学良决定在东北组建空军，派人到法国学习航空技术。高志航兴冲冲地报了名，但当时军官学校教育长郭松龄认为他个子太小而不想录取他，并说："当飞行员要去法国培训，你去不是给中国人丢脸吗！"高志航气得满脸通红，说："法国人也不都是高个子！我会法文，出国学飞行是为杀敌报国，像现在这样被外国人欺负才是丢脸呢！"正是这番话，高志航被录取了。在出国之前，他对接见他们的张学良说："保卫祖国是我的奋斗目标。为实现报国之志，从今天起将子恒改为志航，请总司令批准。"张学良高兴地拍着他的肩膀，勉励了他一番。

1924 年 8 月，高志航入法国莫拉诺高等航空学校学习，后又入伊斯特陆军航空战斗学校学习高级飞行。在三个月教育期内，先学普通飞行，随后学习侦察飞行、轰炸飞行、驱逐飞行，其后，他选择了驱逐飞行专科。1927 年回国后，他被任命为东北航空处飞鹰队队长。在一次飞行训练中，因机械发生故障，降落时他不幸右腿折断。经两次手术，腿比原来短了一分。从此，他的右脚穿上了厚底鞋。这不但没有影响他的飞行，而且技术还在进步。同行们称他为"瘸子飞行员"。

▲留法莫拉诺航校十八位同学（高志航烈士前排右二）合影

　　九一八事变后，高志航多次请战，但得到的答复是：没有命令，不准抵抗。绝望之余，他愤然离开东北。

　　1932年，经同学介绍，高志航到南京政府航空署报到，被分配到杭州笕桥航空学校。一个偶然的机会给他带来了运气。当时英、德、意等国派出飞行员在南京表演。一为推销飞机，二为显显威风。在外国飞行员表演后，高志航进行表演。他的飞行技术让外国人震惊了，同时也得到蒋介石的奖励。从此，高志航的名字开始响亮，不久他被提为航校驱逐机队队长，后又升为航空第六队队长。

　　1935年9月，高志航赴意大利考察空军。他的飞行表演使墨索里尼惊呆了，连称他了不起。后高志航到美国购回霍克驱逐机100架，加上原来的飞机，编为五个航空大队。高志航升任第四航空大队队长。

　　在八一四空战中，高志航首开纪录，击落日机，奏响了胜利的凯歌。同时被称为"军神"的他和他的机队，也在国际上遐迩闻名。在第二天的空战中，高志航再创胜利纪录。当他将敌机击落后，自己的座机也多处被击中，他的左臂负伤，可他竟若无其事，用右手操纵飞机，平安着陆。他不得不住院取弹养伤。在他住院期间，第四大队的队员们仍在他的鼓舞下，在京沪上空屡创佳绩。

　　高志航回到南京时，蒋介石特地召见了这位声名赫赫的空军英雄，还亲手题"吾引为荣"四个大字送给他。

　　之后，高志航由少校提拔为中校大队长，调往南京大校场，协同第三大队共同保卫南京领空。日机屡次来犯，高志航得到警报，立即起飞迎战。

　　当时中国飞机数量少、性能差，和日军相比显然处于劣势。但高志航常常以智取胜，他和他的战友们打得日军木更津航空队的飞机损失殆尽，后者只好调佐世保航空队援助。

一个胜利接着一个胜利，一份捷报接着一份捷报，当时的报刊几乎天天出现高志航的名字，他赢得了人们的尊敬。有一次他到一家商店买东西，回家打开包，发现钱仍在里面，内有纸条，上写："高大队长，希望你多打几架日本飞机，这点东西作为慰劳您的心意。"他看后，对家里人说："这不是几个钱的问题，是中国人民的心，说明中华民族不可辱，中国的领土不容侵略！"

高志航因屡建功勋，遂被提为空军上校、驱逐机司令，直辖三个驱逐大队，并兼任第四大队队长。为了表彰他的战功，第四大队改名为"志航大队"。

1937 年 11 月，高志航奉命到兰州接受苏联援助的一批飞机。在兰州经过几次试飞训练后，他计划直飞南京，参加南京保卫战。但他突然接到命令，要他率队飞赴洛阳。当他执行命令刚抵达洛阳机场后，又接到令他飞周家口的急电。

周家口机场素来警报不灵，让高志航率队驻此，肯定影响战斗力。高志航和他的战友们虽不解其意，还是执行了命令。

一连几天的阴雨，跑道尽是泥泞。飞机无法升空。在南京江阴战势吃紧的时候，志航无法去保卫，他心急如焚。

11 月 21 日，他到达周家口的第八天，天气转晴。淮阴航空监视哨打来电话，发现十几架飞机，不明敌我。高志航判断肯定是敌机。他从容指挥部下准备起飞。但是防空监视哨口情报来得太晚了，当他跳上座机时，敌机已出现在周家口的上空。他督促机械师发动飞机，准备起飞。这时，一枚炸弹落在他的座机旁。一代英杰高志航和他的军械长冯干卿没能在空中战死，却在敌人的偷袭中倒下了。

祖国蓝天上一颗熠熠闪光的明星陨落了。高志航牺牲时年仅 30 岁。为表彰他的卓著战功，国民政府追赠他为空军少将。

人民将永远怀念这位"空军军神"。

◎ 飞将军乐以琴

抗战时期，小学课本中曾有一篇进行爱国主义教育的课文，名位"飞将军乐以琴"。抗战胜利后，上海联华电影制片厂，也曾拍摄了一部名为"长空万里"的电影，此电影以乐以琴、阎海文、沈崇海三位英雄的事迹为题材，目的在于激发人民的爱国情。那么，当时妇孺皆知的乐以琴是怎样一位英雄呢？

1914 年，乐以琴生在四川芦山县一个家境比较殷实的人家，排行第六。父亲是位治家严谨的人，他经常为子女讲解爱国爱乡和做人的道理，并规定子女满十岁就要帮助大人做家务。乐以琴上的小学是他父亲办的，但父亲从不肯说，为的是不让他养成依赖父母和骄傲的不良心理。在这种环境里，他养成了勤劳好动、刚正不屈、富有正义感的品质。

▲乐以琴

乐以琴从小学到中学就读于四川，他聪明好学，做事认真负责。在成都华西协合高级中学时，不但学习成绩名列名列前茅，而且，体育才能显露出来，他是运动场上的"飞毛腿"，曾被选为四川省出席全国运动会的代表。

1931 年，乐以琴考入了山东齐鲁大学。这一年，九一八事变爆发，日军铁蹄踏遍东北，战火蔓延到上海。作为热血青年，乐以琴目睹国家危难，立志投笔从戎，保卫祖国。他在自传中这样写道：

山河变色了，民族快沦亡了，敌人的凶焰潮水般涌来，我心里愤恨如烈焰，我不愿再死在课堂里念死书，不忍看到同胞们无辜被敌人惨杀……我沉闷，等待，我决意从军。为了争取民族生存，宁可让我的身和心，永远战斗！战斗！直到最后一息。我爱我的父母，更爱我的国家，我的民族！……

正在这时，中央航空学校在北平招生。他立即赶赴北平。由于他体质强健，理工科基础扎实，顺利地被航校录取了。

1933 年，乐以琴在接受部队基本训练后，来到杭州笕桥的中央航校，成为第三期学员。

在校期间，他怀着对祖国的无限热爱和对日军的刻骨仇恨，豪迈地立下誓言："西子湖诸神鉴诸：我决以鲜血洒出一道长城，放在祖国江南的天野！"在机械化、军事化、纪律化的生活中，他刻苦认真，一丝不苟，特别是对飞行动作反复演练，力求准确。向教官高志航虚心学习，认真探讨空战理论，很快成为同学老师公认的高才生。

1935 年，乐以琴以优异的成绩从航校毕业，回四川省亲。面对苍老的父母，他尽量做了儿子能做的一切。归队的时间到来时，他握住父亲的手说："两位老人家身边有这么多儿女很有福气，虽然我从军在外，远离膝下，但有兄弟姐妹们服侍双老，我蛮放心。至于我个人，既属军人，一定会为祖国争光，为我们乐家争气的。请二老不要多加挂念。"

从航校毕业后，乐以琴任空军第三大队第八中队队员，续任中央航校飞行教官。

1936 年，为适应形势，中国空军在南昌整编。乐以琴被编入空军第四大队第二十二中队任分队长。从此他驾驶霍克－3双翼单座战斗机开始了战斗生涯。

1937 年，日军发动七七事变，开始了全面侵华战争，8 月13 日，又在上海挑起事端，发动对华中地区的进攻，并调来空军木更津和鹿屋两个航空队，前来助战，准备轰炸南京、南昌和杭州等地。

乐以琴和战友们听到这个消息，义愤填膺，个个跃跃欲试，准备与敌人决一死战。

8 月 14 日，日本木更津航空队数架飞机偷袭杭州笕桥机场，妄图消灭我空军主力。就在这一天，我空军第四大队奉命调防笕桥。下午 3 时 30 分，中国空军史上著名的空战展开了。乐以琴驾驶 2204 号飞机和战友们在空中给敌人以重创。

8 月 15 日，中国空军再次出击迎敌，乐以琴的 2204 号战机，上下左右翻飞，弹无虚发，共击落敌机四架。

空军胜利的消息传开，全国振奋，各大报纸纷纷发出号外，高志航、乐以琴和他战友们成为头号新闻人物。

8 月 21 日，日军增援部队又在吴淞口、张家滨一带登陆，凭借海空优势疯狂攻击我陆军部队。淞沪战事激烈，乐以琴奉命率队前往阻击，又击落敌机一架，再次给敌人以打击。

自八一四空战之后，乐以琴凭着果敢、顽强及良好的飞行技术，共击落敌机八架，创造了辉煌的战绩。他与高志航、刘粹刚、李桂丹一起被称为空军四大金刚。他的 2204 号座机让敌人望而生畏。

1937 年底，日军大举进攻南京。12 月 3 日，敌机进犯南京，第二十一中队队长董德明与乐以琴升空迎敌。在恶战中，乐以琴遭到十几架敌机的重重包围。他毫不畏惧，凭借娴熟的技术，与敌人周旋。无奈敌众我寡，座机受创，水箱、油箱均已中弹，飞机冒出浓烟，失去控制。乐以琴迫不得已跳出座机。

他深知日军的凶残，常常违背国际公法，射击跳伞失去武装的我飞行员。因此，他未过早打开降落伞，想快速下降到低空时再打开。不料，速度太快，待要开伞时，身体已触及地面。年仅23岁的乐以琴和祖国的大地融为一体。

直到1938年武汉失守前夕，乐以琴的哥哥才得到六弟殉国的消息。他领取抚恤金11000元返回故里。当时父亲已经去世，他怕母亲悲痛，不敢禀告，托人暗将抚恤金在邻县购买了170亩水田。后来母亲还是知道了，他将抚恤金购置的田产，连同乐以琴父亲在世时置的150亩水田，一并捐给了芦山县伯英中学，作为办学基金。

◎ 中国红武士刘粹刚

为了御侮，为了捍卫祖国，你竟壮烈地牺牲了。你离开我，我果然不能再和你相处一起，我相信，你的魂灵仍和我相亲相近。粹刚，当此国难正殷、国家需要人之际，你竟撒手长逝。这，不仅是我个人之不幸，亦是国家之大不幸、大损失。在我丧失了挚爱的丈夫，在国家损失了一个前线的战士，一个英杰。粹刚，你的光荣，也正是我的哀荣！

这是刘粹刚牺牲后，他的妻子许希麟女士发表的纪念文章《念粹刚》，既表达了她的深情与眷念，也写出了国人的感受。

刘粹刚是辽宁昌图县人。1931年九一八事变前夕，他抱着满腔的救国热忱南下，投考中央军校。后来国家提倡航空巩固国防，他断然转入航空学校。在航校期间，他的飞行技术在同学中是最好的，并且有很强的领导能力，同学们都很敬重他。他从航校毕业后，1936 年任中国空军第五大队第二十四中队队长。

▲刘粹刚

刘粹刚有敏捷冷静的头脑和缜密精细的思维。他常以德国红武士厉秋芬自励。厉秋芬是第一次世界大战时德国的空战英雄，他一人打下敌机 88 架，他的飞机头漆成红色，人称"红武士"。

1937 年七七抗战爆发，刘粹刚义愤填膺，上书请战。八一三淞沪抗战爆发后，中国空军第五大队从南昌调到扬州，奉令参战，轰炸日军军舰及陆上据点，协助地面部队。刘粹刚率部奋勇作战，屡挫强敌，建立战功。

8 月 16 日，刘粹刚驾驶 2401 号机掩护霍克机群飞赴上海轰炸虹口机场，击落一架敌人水上侦察机。8 月 17 日，他率三架霍克飞机轰炸日虹口兵营后，与十架日机遭遇，在空战中，他击落一架日轰炸机。20 日，率霍克机九架轰炸虹口日军兵营，完成任务后，与敌机相遇，他又击落敌驱逐机和水上侦察机各一架。

8 月 22 日，刘粹刚所在的第五大队移驻南京，与第四大队共同负责南京的空防。

9 月，日军大批登陆，为协助地面友军的作战，中国空军第五大队将队部力量指向长江口，轰炸日军舰。8 日，刘粹刚奉令单机赴上海侦察杨树浦及崇明一带有无日军机场设备，在杨树浦上空，遇到两架日机拦截，他巧妙地摆脱敌机，俯冲下降到 5000 尺，胜利地完成侦察任务。到 9 月中旬，中国淞沪守军战线后移，日本陆军航空队得到陆上基地，空军实力猛增。中国空军采取避实击虚的战法，不断寻找有利的时机。17 日，刘粹刚率六架霍克机侦察轰炸日军坦克，遇日机两架，他与战友将其击落。20 日，日机空袭南京，刘粹刚率队截击，指挥部队击落敌机数架。

在以后的守卫南京的空战中，刘粹刚越战越勇，与数量和装备均占优势的日机血战长空，多次凭高超的飞行技术与机智的头脑，转危为安，并以弱抗强，狠狠地打击了敌人。到 10 月中旬，他共击落日机 11 架，以辉煌的战绩成为全国抗日军民交口称赞的英雄，被敌人称为"中国的红武士"。

1937 年 10 月，华北战事紧张，战火燃烧到山西忻口。中国军队在统一战线思想指引下，并肩作战，浴血抗敌。在太原形势危急的关头，中国空军第五大队第二十四中队接到命令，派出三架驱逐机奔赴山西，配合地面部队反攻娘子关。这时的刘粹刚没有考虑近些天来的身体不适，也没有考虑对山西天气、航线不熟悉的因素，他即刻接受了任务。

10 月 26 日，刘粹刚带领三架驱逐机从南京起飞，经汉口、洛阳飞往太原，支援艰苦作战的抗日军队。这时北方已经寒冷，且日落较早。到太原时，因无夜航设备，飞机无法着陆，只好返回洛阳。当飞机飞至晋东南上空时，飞机的油已快用完了。刘粹刚不顾个人安危，关闭了机侧的指挥灯，指示僚机降落，并将最后一颗照明弹投下。引导僚机降落后，他单机继续前进，到高平县上空时，天空阴霾，漆黑一团，汽油告警，情况危急，但他不愿跳伞。为保住心爱的飞机，他在黑暗中觅地降落。不幸撞在城东南角魁星楼，一颗巨星陨落了。

噩耗传来，举国震惊。全国人民无不痛悼这位空中骁将。高平县各机关团体与群众隆重召开追悼大会。中国空军派飞机凌空台前示意。11 月 16 日，刘粹刚的遗体被送到南京安葬。

有词挽曰："宁沪勋名立，援晋功垂成；魁楼成仁死，遗恨满长平。"

◎ 英雄队长李桂丹

1937 年 12 月，南京被日军占领，国民政府迁都武汉，后迁重庆。但武汉三镇地处要冲，国民政府军事委员会和各重要机关都设在这里，是当时政治、军事指挥中心和抗战物资的集散地，战略地位极其重要。侵华日军对武汉的进攻也非常凶猛。中国空军为配合地面部队也与敌人展开了激烈的战斗。1938 年 2 月 18 日，中国空军健儿迎击敌人，进行了八一四空战以来最激烈的恶战。在战斗中，我年轻飞行大队长李桂丹和他的四位战友一起，为祖国献出了宝贵的生命。

李桂丹是辽宁新民县人，自幼勤奋好学。1929 年在辽宁成城读完中学，并于 1930 年考入中央军校。在校受训期间，他学习努力，训练认真，受到同学的拥护和老师的喜爱。

1932 年李桂丹从军校毕业后，正值中央航空学校飞行科招生，他报考并被录取了。在艰苦紧张的学习飞行训练中，他吃苦耐劳，颇得教官高志航的欣赏。毕业后，他历任航校少尉飞行教官、飞行科驱逐机组组长，第四大队第二十一中队队员。

1936 年 10 月，李桂丹出任中国空军第四大队第一中队队长，同年调任中正队队长。中正队是 1936 年上海各界募集 100 万元，购买了十架飞机，交给中国空军，因此特别编成一队，定名中正队。经过空军再三考虑，队长由品学兼优、技术高超、领导指挥能力强的李桂丹担任。队员多是东北人。他们怀着国恨家仇，在李桂丹的带领下，成绩卓著。1936 年 11 月，他们在绥远出动飞机，支持了绥远抗战。

▲李桂丹（前排左一）与同事（前排）学生（后排）合影

1937 年 8 月 14 日，战斗在即，李桂丹率领着第四大队第二十一中队与第二十二中队、第二十三中队的战士，奉命由周家口飞返笕桥。在飞行途中，由于天气不好，飞机飞行高度不得不压得很低。正因为此，不时遇到的云块和眼前的烟囱、屋顶，真是危机四伏，很容易发生意外。他们又担心飞机受伤，又担心不能如时到达，失去杀敌的机会。责任心与荣誉感，使他们产生了无穷的力量。在下午 3 时左右到达笕桥机场。这时起飞迎敌的命令响起，李桂丹和战友们顾不上加油，顾不上飞行的疲劳，立即升空，迎击敌人。

8 月 15 日，李桂丹再次率机升空，在追击敌机至曹娥江口时终将敌人击落。这时他看到第二十二中队中队长郑少愚正与敌人周旋，即刻加入到其中，和战友两面夹击敌人，敌机在一声巨响中爆炸。

之后，他率队同时兼任南京、杭州的防空任务。随着战斗的激烈进行，飞机损伤越来越严重。9 月，第四大队奉命将所剩飞机交由第五大队留南京作战，他们另赴兰州接苏联援助的新机。新飞机速度快，体积小，颇为先进，为更有效地打击敌人奠定了基础。

这一年 11 月，第四大队队长高志航不幸阵亡。李桂丹奉命代理大队长，不久，正式升任大队长。他积极训练队伍，决心用新的装备狠狠痛击敌人。

1938 年 2 月李桂丹率领第四大队防守武汉。18 日，武汉空战爆发。李桂丹亲率第二十二中队偕第二十一、二十三中队升空，与来犯之敌在空中展开了厮杀。

武汉 150 万市民焦急地看着天空。见到空中无数黑点此上彼下，一架飞机凌空爆炸，一架飞机从空中栽落，分不清是敌是我。一场恶战打到机场上空，又冲到汉阳、东湖……

随着时间的推移，局势渐渐明朗，敌机被我空军健儿打乱了阵脚。武汉三镇响起了欢呼声。仅仅 12 分钟的战斗，平均每分钟就有一架敌机被击落。多么骄人的战绩！

但是，在我机陆续返回时，人们没有看到大队长李桂丹，没有看到吕基淳，没有看到他们的队友巴清正、王怡、李鹏翔。他们将热血洒在了祖国的蓝天，与之融为一体！

1938 年 2 月 21 日，《新华日报》在头版发表了特讯：

庆祝空捷，追悼国殇
——二万余民众空前大游行，
全市哀祭忠勇飞将军。

……武汉各界在汉口总商会举行隆重追悼大会。

中国共产党中央委员会与第十八集团军代表周恩来、陈绍禹、叶剑英暨西北各界妇女联合会驻汉代表邓颖超、孟树庆等亲临致祭。

祭堂内摆满了花圈……并有朱德、彭德怀两总司令及毛泽东和西北各界妇女救国联合会驻汉代表邓颖超、孟庆树送的花圈三个。

……中国共产党中央委员会与第十八集团军代表周恩来、陈绍禹、秦邦宪、董必武、叶剑英、罗炳辉等亲送挽联一副，文曰："为五千年祖国英勇牺牲，功名不朽；有四百兆同胞艰辛奋斗，胜利可期。"……

◎ 中华之魂陈怀民

年轻英俊、眉清目秀的陈怀民，原籍山东，长在江苏镇江。他从小聪明过人，精通武术。先后就读于扬州中学、无锡成美高中、常州工艺专门学校及商船学校。

　　1932 年，"一·二八"淞
沪抗战爆发，第十九路军奋起
抵抗。陈怀民怀着满腔热忱，
投笔从戎，参加了十九路军所
编的大学义勇军。

　　1933 年，陈怀民考入笕桥
航校第五期驱逐科，毕业后调
空军第四大队任第二十三中队
飞行员。七七抗战爆发后，他
随第四大队转战东线上空。

▲陈怀民

　　1937 年 9 月 19 日，日机轰炸南京时，陈怀民警戒浦口上
空，单机与日四架飞机相遇。在角逐中击落敌机一架。在追击
日机中，遭遇日机机群。在敌机群火网中，他镇定自若，毫不
畏惧，与之周旋。后身受重伤。不久，他不等伤愈就返回部
队，参加了二一八武汉大空战。1938 年 4 月 12 日，他又出征
台儿庄，击落日机两架，他再次负伤。

　　4 月 29 日，他带着伤病参加作战。他驾机升空后，咬住一
架敌机，一个跌升翻转占据有利攻击位置。"嗒嗒……"枪响
处，敌机燃起一团烈火，坠向地面。他出色的战斗动作，引起
了日军的注意。五架日机向他猛冲过来，并疯狂地扫射。陈怀
民的战机多处中弹，已难以操纵。这时他放弃了跳伞求生的最
后机会，开足马力，高速向一架敌机背上冲去。随着"轰"
的一声巨响，两条火龙翻滚着向地下坠去。

　　地面上的群众被这壮烈的一幕惊呆了。

　　天空中，飞将军们被这惨烈的壮举激动了，一架架战鹰吐
出复仇的炮火。飞行员信寿巽座机中弹 70 多处，机身着火，

他冒着生命危险将飞机平安降落在机场上；苏联飞行员舒斯捷尔在空战中牺牲。四二九空战给日军以沉重的打击，此后的一个多月内，日机不敢再来进犯武汉。

空战结束后，武汉三镇顿时沉浸在一片祝捷的热浪之中，人群涌向王家墩机场，热情慰问凯旋的飞将军。

6月5日，国民政府在汉口举行隆重的追悼大会，缅怀陈怀民等中国空军的英灵。那天，武汉地区有两万多人前来致祭，中共代表陈绍禹、周恩来、博古亲自到会。周恩来代表中共中央驻汉办事处献上花圈和写着"义薄云天"的横幅。挽联上写的着"捐躯报国"。中共创办的《解放周刊》还为此发表短评，题目是：《英勇的中国空军万岁》。

在清理被陈怀民击落的敌机残骸时，发现该机驾驶员高桥宪一的妻子美惠子写给日夜思念的丈夫的信：

宪一君：

不知怎的老是放心不下，想接到你的来信……我甚至有时想到不做飞行士的妻子才好，做了飞行士的妻子，总是过着孤凄的日子。所以我时而快乐，时而悲痛，内心深处尽是在哀泣着！有时一想到已经有许多人无辜地牺牲，不再回到这个世界上来，而你还健在的事，固能自己安慰自己，不过过了三四天，依然心灰意冷了！……家里人无限挂念着你，希望你好好保重身体。光是死并不是荣誉的事。我是祈求着你十分小心地去履行你的职责！

看护孩子的保姆，她每每替孩子洗过澡以后，就很关心地把他们放进温暖的被窝里去。孩子总是睡得烂熟的。两个孩子，每天是在大笑中过日子……

美惠子　四月十九日

陈怀民的妹妹读完这封充满孤独、哀伤、凄凉和对丈夫无限缱绻之情的信后，忍不住想同她说些什么。挥笔写下了《一封致美惠子女士的信》：

高桥夫人美惠子女士：

……

我失去胞兄的心境，使我设身处地地想到你失去高桥先生的心境，想到中日人民竟如此凄惨地牺牲于贵国军阀的错误政策之下，因此我不能不告诉你这个真实！我的母亲，她只有伤感地凝望着漫不经心的江水和惨淡的月色，让悲痛的回忆敲打着她年老将断的心弦。然而青春多情的你，片片樱花也会引动相思。你也许能够从悲惨的遭遇中，想到人类的命运吧?!

怀民哥坚毅地猛创高桥的飞机，和高桥君同归于尽，这不是发泄他对高桥君的私仇。他和高桥君并没有私人的仇恨，他们只是代表着两种不同的力量粉碎了他们自己。他虽久已抱了为国牺牲、为正义奋斗的决心，而这事变的迅速到临，却给予我的刺激太大了。

由于我强烈的哀伤，我就常常思念到你。想到你的整天在笑中生活着的两个孩子和你此后残缺凄凉的生涯。我恨不能立刻到贵国去亲自见到你，和你共度友爱的生活。我决不会因为你们国内的军阀对我们的侵略而仇恨你。我深深了解你们被那疯狂的军阀压迫的痛苦。

既然这样，你应该以爱护全人类、救自己救人类的热忱，来防止自己国内军阀的跋扈。我们要使这两个国家以及全世界所有的国家，从侵略战争的悲惨命运里解放出来。

我还得告诉你，我是厌恶战争的。但我们中国为了抵抗暴力而战，这种战争是维护正义和人道的战争。这意义和贵国不同。如果贵国军阀对于中国的残暴行为和强占中国领土的野心一天不停止，我们每一个中国人，不分男女老少，都将参加到更猛烈、更强化的斗争中去，即使粉身碎骨，也绝没有一个人会屈服！

末了，我告诉你，我家里的父母都非常深切地关怀你，像关怀他的儿女一般，不带一点怨恨。我盼望有一天让我们的手互相友爱地握着，心和心相印着、沉浸在新鲜的年轻人的热情里。我们有理由为这个信念而努力。

祝你为全世界的和平而奋斗！

陈难　书于一九三八年五月三十一日

这封用血泪写成的信，扣动了亿万人的心弦。武汉各报相继刊登，并被电台译成多种语言，向世界广播。香港《读者文摘》把美惠子和陈难的信一起登出，还介绍她们通信，建立联系。

一封信轰动了世界，形成了强大的反战舆论。

◎ 空军斗士金雯

在南京紫金山北麓的中国航空烈士公墓长眠着一位中国空军斗士；在北京卢沟桥畔的中国人民抗日战争纪念馆展厅中，静静地陈列着这位空军斗士的飞行帽与风镜盒，向人们展着中国空军英勇抗战的事迹，这位空军斗士正是在抗战中牺牲的中国空军第二大队中校大队长——金雯。

金雯，字叔章，1908 年出生在浙江温州，少时受到孙中山先生革命思想影响，17 岁就投笔从戎，考入黄埔军校第五期，学习军事。在北伐战争中，英勇作战，腿部受伤。伤愈后考入中央航空学校学习飞行，成为中央航空学校的第一期学员，毕业后留在学校担任飞行教官。1936 年调任中国空军第七大队第六中队中队长，西安事变和平解决后，率部由洛阳进驻西安，担任国共双方航空联络和交通任务，多次接送周恩来等中共领导人及八路军总部负责人来往延安与西安之间。

全面抗战爆发后，国民政府军事委员会将中国空军主力部队北调，部署在华北地区，准备出击华北日军。同时，将部分空军兵力部署在南京地区，担任首都的防空作战任务。金雯部调往抗日前沿——安徽滁县。

8 月 13 日，日军发动八一三事变，进攻上海地区。8 月 14 日，中国空军根据第一号空军作战命令，正式开始对日作战，捍卫祖国的领空。在淞沪会战中，

▲金雯

日军"出云号"旗舰用大炮猛烈轰击中国军队的阵地，掩护日军进攻；并且还轰击上海的工厂、学校、民房等，造成中国人民生命和财产巨大损失。面对如此威胁，金雯率部奉命出击，投入战斗，轮番轰炸上海日军阵地和长江口岸敌舰，重创"出云号"，受到上级嘉奖。之后，金雯驾机和第六中队的队友们参加了台儿庄作战、徐州会战等，并在武汉会战中，与苏联空军志愿队并肩作战，立下战功。

1941 年，金雯调任四川梁山空军第二总站站长，后又调任空军第二大队中校大队长。该大队装备的是苏联援助的轻型

轰炸机，由于金雯具有率领轰炸机群战斗的丰富经验，该大队成为打击日军的一支重要力量。

1942年1月，日军对长沙发动第三次进犯。中国空军为支援陆军守卫长沙，于1月8日奋力参战。第二大队大队长金雯率轰炸机，从成都太平寺机场起飞，至长沙以北长乐街轰炸，切断日军的退路。在投弹后返航途中，遭日机攻击，中国轰炸机边战边退，激战20分钟，击落日机一架，创下了中国空军以轰炸机击落驱逐机的先例。而金雯驾驶的长机亦中弹累累，机件失灵，他令同机另一飞行员紧急跳伞，自己独自驾机千方百计寻找机会迫降，当飞至贵州黎平时，不幸撞山，人机俱焚，壮烈牺牲，年仅34岁。

当年，金雯家乡浙江温州各界人士，为金雯烈士在温州中山公园举行了规模宏大的追悼大会，上万群众手举挽联和抗日标语，浩浩荡荡经过温州主要街道，沿途商店、居民纷纷举行路祭，表达了故乡人民悼念烈士的悲痛心情和坚定的抗战决心。

抗日战争胜利后，金雯的灵柩由贵州空运至南京，1948年3月29日安葬在南京航空烈士公墓。国民政府追赠金雯为空军上校。

◎ 空中骁将周志开

在抗战中，有位空军战士因战绩显著而获得过二星星序奖章、五星星序奖章、三等宣威奖章、一等宣威奖章和一枚青天白日勋章。此人就是周志开。

周志开，河北滦县人，在河南开封长大。毕业于中央航空学校第七期。在同期学员中，他第一个单独驾机飞行，第一个成为中级班学生，第一个从飞行员到分队长，第一个从分队长到副队长。

然而，这并不是他的初衷。他原来的理想是当一名电影明星。他有着生动的面孔、健美的线条。他有着艺术家的气质与修养，琴棋书画无所不能。这一切来自他的生长环境：庞大的家族、端庄秀美的母亲、学术造诣颇深的家庭教师。

▲ 周志开

抗日的战火把他从电影银幕推向了战场这个大舞台。1935 年，正值民族危急存亡之际，周志开考入了中央航空学校第七期。毕业后，他被分配到有着光荣历史的第四大队，在桂南战役中首次作战。

1939 年 12 月，在桂南柳州机场，周志开怀着激动的心情驾机升空。由于最后一个起飞，落在队伍的后面。他在发现敌人又无法及时通知队友的情况下，不顾个人安危，改变航向，单机逼近敌机，突然开火。随着一声巨响，敌人一架飞机炸开。

首战告捷，周志开崭露头角。

之后的两年是抗战中最艰苦的时期，也是中国空军最困难的时期。面队日军的疯狂轰炸，周志开和战友们顽强抗击，每天与数倍于己的敌人在空中周旋。在一次宋美龄主持的空战座谈会上，每位参战人员依次报告战斗经过，轮到周志开时，他站起身说："我——周志开，攻击敌机三次，未见敌机冒烟或其他被击落之征候，于是第四次攻击我就钻进敌机群，在他们火网最密集处打完了我的子弹。敌机也送了我很多子弹，后来检查的结果，我的飞机上有 99 个弹洞，一个被炮弹片炸开的大窟窿……"宋美龄有些吃惊，关切地问："你人呢？""没有事。"他回答完便坐下了。宋美龄喜爱和惊讶的目光久久没有从他脸上移开。

1943 年，经过两年多的艰苦磨难后，中国空军在美国的支援下，终于迎来了转机。4 月开始的鄂西会战，标志着中国空军开始由防御转向反攻。正是在这场战斗中，周志开再创辉煌。

6 月 6 月，日军八架轰炸机、十二架驱逐机袭偷我梁山机场。情况危急，周志开在来不及扣好保险带的情况下，冒险起飞，单机冲向敌机群，击落了敌轰炸机三架，创造了个人一次击落日机的最高纪录。

中国政府特地给他颁发了青天白日勋章。当时全国获此勋章者仅六人：蒋介石、薛岳、傅作义、张自忠、周志开和一位击沉长江上数艘敌舰的炮兵。在受勋仪式上，蒋介石给周志开以高度评价：周志开的光荣，不是他自己的，而是整个空军的光荣，同时，亦是全国军人的光荣，不但他本人受人尊敬，就空军地位及中国的国际地位也因之提高了。

鄂西会战后，第四大队奉命人机返渝。周志开和战友做最后扫尾的空中侦察。到了返航时间，落地的只有战友的一架飞机。周志开没有回来。战友们得到的是这样的情报：我机一架，与敌四机搏斗，飞机受伤，在长阳县龙潭坪迫降，机毁人亡……

周志开走了，披着 24 个春秋的朝霞夕阳，化成了一颗明亮的星星！

◎ 让我们记住为国捐躯的空中健儿

梁鸿云（1913—1937），山东栖霞人。中央航校第二期毕业。第二十四中队上尉副中队长。牺牲于淞沪上空。

任云阁（1910—1937），河北雄县人。中央航校第六期毕业。第九中队少尉飞行员。牺牲于淞沪上空。

李传谋（1914—1937），湖南醴陵人。中央航校第六期毕业。第十四中队少尉飞行员。牺牲于淞沪上空。

刘署藩（1916—1937），辽宁开原人。中央航校第五期毕业。第二十一中队少尉飞行员。牺牲于杭州。

黄保珊（1912—1937），江苏江宁人。黄埔军校第八期、中央航校第三期毕业。第三十三中队中尉分队长。牺牲于嘉兴上空。

阎海文（1910—1937），辽宁北镇道台子村人。中央航校第六期毕业。第二十五中队少尉飞行员。牺牲于上海上空。

沈崇海（1911—1937），江苏江宁人。中央航校第三期毕业。第九中队中尉分队长。牺牲于南汇上空。

陈锡纯（1916—1937），湖南长沙人。中央航校第五期毕业。第九中队少尉飞行员。牺牲于南汇上空。

王天祥（1909—1937），浙江黄岩人。中央航校第一期毕业。第三大队上尉副大队长。牺牲于吴淞口上空。

秦家柱（1912—1937），湖北咸丰人。第十七中队少尉飞行员。牺牲于吴淞口上空。

王志恺（1916—1937），河北昌平人。中央航校第五期毕业。第三十四中队中尉分队长。牺牲于淞沪上空。

张俊才（1913—1937），湖北礼陵人。中央航校第四期毕业。第二十六中队少尉分队长。牺牲于镇江附近。

洪冠民（1914—1937），广东梅县人。中央航校第六期毕业。第二十六中队准尉见习员。牺牲于镇江附近。

彭仁忭（1913—1937），山东德县人。中央航校第六期毕业。第三中队少尉飞行员。牺牲于淞沪上空。

谭文（1912—1937），山东海阳人。中央航校第三期毕业。第二十一中队中尉分队长。牺牲于江苏浏河上空。

李有干（1913—1937），四川红油人。中央航校第五期毕业。第二十二中队少尉飞行员。牺牲于淞沪上空。

黄居谷（1914—1937），广东揭阳人。广东航空学校第六期毕业。第八中队中尉飞行员。牺牲于南京上空。

刘炽徽（1911—1937），广东中山人。美国华侨航空学校、中国中央航校第三期毕业。第八中队中尉分队长。牺牲于南京上空。

刘兰清（1914—1937），广东兴宁人。广东航空学校第五期毕业。第十七中队少尉飞行员。牺牲于南京上空。

戴广进（1914—1937），安徽合肥人。中央航校第六期毕业。第二十三中队少尉飞行员。牺牲于南京上空。

傅啸宇（1915—1937），福建闽侯人。中央航校第四期毕业。第二十四中队少尉飞行员。牺牲于句容上空。

曹芳震（1913—1937），湖南湘乡人。中央航校第六期毕业。第二十四中队少尉飞行员。牺牲于南京上空。

范涛（1914—1937），吉林延吉人。中央航校第六期毕业。第七中队准尉见习员。牺牲于南京上空。

张韬良（1913—1937），河北宁晋人。中央航校第六期毕业。第八中队少尉飞行员。牺牲于南京上空。

黄正裕（1910—1937），浙江杭县人。中央航校第一期毕业。第三十三中队上尉中队长。牺牲于南京。

方长裕（1909—1937），浙江慈溪人。中央航校第二期毕业。第三十中队中尉副中队长。牺牲于南京。

张琪（？—1937），山东潍县人。中央航校第三期毕业。第三十中队中尉飞行员。牺牲于南京。

全正熹（1912—1937），贵州荔波人。中央航校第二期毕业。第十四中队中尉中队长。牺牲于江宁板桥上空。

吴范（1915—1937），安徽歙县人。中央航校第二期毕业。第三十中队少尉飞行员。牺牲于南京上空。

杨季豪（1914—1937），原籍上海，寄居北平。中央航校第三期毕业。第三十中队中尉飞行员。牺牲于南京上空。

袁汝丞（1911—1937），陕西澄城人。第二集团军无线电信学校毕业，第三十中队技副三级通信员。牺牲于南京上空。

宋以敬（1914—1937），河北深泽人。中央航校第五期毕业。第十四中队少尉飞行员。牺牲于杭州湾上空。

李锡永（1912—1937），河北献县人。中央航校第六期毕业。第十四中队少尉飞行员。牺牲于杭州湾上空。

李恒杰（1914—1937），山东莱阳人。中央航校第六期毕业。第十四中队少尉飞行员。牺牲于杭州湾上空。

彭德明（1914—1937），四川双流人。中央航校第六期毕业。第十四中队少尉飞行员。牺牲于杭州湾上空。

高志航（1908—1937），辽宁通化（今属吉林）人。法国莫拉诺高等航空学校及伊斯特陆军航空战斗学校、中国中央航空学校高级班第一期毕业。第四大队上校大队长、驱逐司令。牺牲于周家口。

冯干卿（1905—1937），天津人。河北北洋铁工学校毕业。第四大队技副二级军械长。牺牲于周家口。

敖居贤（1914—1937），辽宁凤城人。中央航校第五期毕业。第二十三中队少尉飞行员。牺牲于溧水上空。

乐以琴（1915—1937），四川芦县人。中央航校第三期毕业。第二十一中队上尉副中队长。牺牲于南京上空。

梁定苑（1911—1937），广东文昌人。广东航空学校第六期、中央航校第五期毕业。第二十八中队少尉飞行员。牺牲于太原上空。

吴志程（1915—1937），江西南城人。中央航校第六期毕业。第十二中队少尉飞行员。牺牲于太原上空。

刘粹刚（1913—1937），辽宁昌图人。中央航校第二期毕业。第二十四中队上尉中队长。牺牲于山西高平县。

王干（1908—1937），广东文昌人。广东航空学校第四期毕业。第十六中队中尉副中队长。牺牲于河南安阳。

关中杰（1913—1937），辽宁镇东人。中央航校第五期毕业。第八中队少尉飞行员。牺牲于南昌上空。

杨晴舫（1916—1937），湖南长沙人。中央航校第六期毕业。第二十六中队少尉飞行员。牺牲于南昌上空。

宋恩儒（1913—1938），天津人。中央航校第四期毕业。第二十五中队中尉分队长，牺牲于汉中上空。

张若翼（1916—1938），福建永定人。中央航校第六期毕业。第二十四中队少尉飞行员。牺牲于汉中上空。

李桂丹（1913—1938），辽宁新民人。中央航校第二期毕业。第四大队上尉大队长。牺牲于武汉上空。

吕基淳（？—1938），河北景县人。中央航校第三期毕业。第二十三中队上尉中队长。牺牲于武汉上空。

巴清正（1916—1938），吉林宾县人。中央航校第五期毕业。第二十三中队少尉飞行员。牺牲于武汉上空。

王怡（1917—1938），河北昌平人。中央航校第六期毕业。

第二十二中队少尉飞行员。牺牲于武汉上空。

李鹏祥（1913—1938），广东澄海人。中央航校第四期毕业。第二十二中队中尉飞行员。牺牲于武汉上空。

陈怀民（1916—1938），原籍山东，寄居江苏镇江。中央航校第五期毕业。第二十三中队少尉飞行员。牺牲于武汉上空。

张效贤（1913—1938），安徽合肥人。中央航校第五期毕业。第二十一中队少尉飞行员。牺牲于武汉上空。

安家驹（1910—1938），广东高要人。中央航校第一期毕业。第十二中队少校中队长。牺牲于武汉。

蒋盛祐（1915—1938），广西兴安人。广西航空学校第二期毕业。第三十二中队少尉飞行员。牺牲于南宁。

陈其伟（1913—1938），广东番禺人。广东航空学校第五期高级班毕业。第二十八中队少尉飞行员。牺牲于广东南雄上空。

杨如桐（1915—1938），河北玉田人。中央航校第六期毕业。第二十九中队少尉飞行员。牺牲于广东南雄上空。

吴伯钧（1915—1938），广东开平人。广东航空学校第六期毕业、中央航校第五期高级班毕业。第二十八中队少尉飞行员。牺牲于广州上空。

李煜荣（1914—1938），河南洛阳人。中央航校第六期毕业。第二十九中队少尉飞行员。牺牲于广州上空。

吴汝鎏（1908—1938），广东新会人。广东航空学校第三期毕业。第三大队中校大队长。牺牲于广东南雄上空。

洪炯桓（1912—1938），福建长泰人。中央航校第五期毕业。空军官校柳州分校中尉教官。牺牲于柳州上空。

容广成（1912—1938），广东台山人。美国罗斯福航空学校、中央航校第五期毕业。第十七中队少尉飞行员。牺牲于华阴上空。

骆春霆（1915—1938），浙江杭州人。中央航校第六期毕业。第十七中队少尉飞行员。牺牲于华阴上空。

莫休（1912—1938），广西阳朔人。广西航空学校第一期毕业。第七中队中尉分队长。牺牲于归德上空。

李膺勋（1913—1938），广西陆川人。广西航空学校毕业。第七中队中尉分队长。牺牲于归德上空。

汤威廉（1914—1938），河南睢县人。中央航校第六期毕业。第十七中队中尉飞行员。牺牲于河南兰封（今兰考）上空。

朱均球（1911—1938），广东台山人。广东航空学校第六期毕业。第十七中队中尉飞行员。牺牲于河南兰封（今兰考）上空。

赵茂生（1913—1938），上海人。中央航校第四期机械科及第六期飞行科毕业。第二十二中队少尉飞行员。牺牲于河南兰封（今兰考）上空。

刘福洪（1913—1939），察哈尔万全（今属河北）人。中央航校第二期毕业。第十中队上尉中队长。牺牲于临潼上空。

谢光明（1919—1939），河南开封人。航委会通讯训练班毕业。第十九中队技术5级通信士。牺牲于临潼上空。

张明生（1911—1939），江苏南汇（今属上海）人。中央航校第五期毕业。第二十一中队中尉副中队长。牺牲于重庆上空。

梁天成（1913—1939），福建南安人。中央航校第六期毕业。第二十三中队中尉分队长。牺牲于重庆上空。

李志强（1916—1939），湖北沔阳人。中央航校第七期毕业。第二十三中队少尉飞行员。牺牲于重庆上空。

邓从凯（1916—1939），广东防城（今属广西）人。中央航校第五期毕业。第二十九中队副中队长。牺牲于成都上空。

段文郁（1917—1939），湖北高阳人。空军军官学校第八期毕业。第二十六中队少尉飞行员。牺牲于四川中江县。

李侃（1916—1940），辽宁沈阳人。空军军官学校第七期毕业。第二十一中队少尉飞行员。牺牲于昆明。

彭均（1915—1940），江西萍乡人。空军军官学校第七期毕业。第二十四中队中尉飞行员。牺牲于重庆上空。

陈少成（1915—1940），湖南武冈人。中央航校第六期毕业。第二十四中队中尉飞行员。牺牲于重庆上空。

王云龙（？—1940），辽宁安东人。空军军官学校第八期毕业。第二十四中队少尉飞行员。牺牲于重庆上空。

杨梦青（1914—1940），天津人。中央航校第四期毕业。第二十四中队上尉中队长。牺牲于重庆上空。

曹飞（1909—1940），广东番禺人。厦门海军航空班毕业。第二十八中队上尉分队长。牺牲于重庆上空。

何觉民（1915—1940），广西容县人。广西航空学校第二期毕业。第二十三中队中尉分队长。牺牲于重庆上空。

司徒坚（1918—1940），广东开平人。广东航空学校、空军军官学校第七期毕业。第二十一中队中尉飞行员。牺牲于重庆上空。

张鸿藻（1914—1940），广东东莞人。空军军官学校第七期毕业。第二十二中队中尉飞行员。牺牲于重庆上空。

雷庭枝（1917—1940），广西贵县人。空军军官学校第八期毕业。第二十八中队少尉飞行员。牺牲于重庆上空。

康宝忠（1916—1940），山东潍县人。空军军官学校第八期毕业。第二十三中队少尉飞行员。牺牲于重庆上空。

黄栋权（1917—1940），广东新会人。空军军官学校第七期毕业。第二十一中队中尉飞行员。牺牲于重庆上空。

余拔峰（1913—1940），广东台山人。广东航空学校、空军军官学校第七期毕业。第二十一中队中尉飞行员。牺牲于重庆上空。

刘英役（1916—1940），安徽怀宁人。中央航校第六期毕业。第二十三中队中尉飞行员。牺牲于重庆上空。

石干贞（1915—1940），江苏溧阳人。中央航校第六期毕业。第十八中队中尉飞行员。牺牲于四川双流上空。

黄可宽（1913—1940），广东三水人。中央航校第六期毕业。中央航校高级班教官。牺牲于云南上空。

王自洁（1915—1940），河北丰润人。中央航校第六期毕业。第三十二中队上尉分队长。牺牲于邛崃上空。

黄新瑞（1914—1941），广东台山人。美国其利西航空学校、广东航空学校军官班第一期毕业。第五大队少校大队长。牺牲于四川双流上空。

岑泽鎏（？—1941），广东恩平人。广东航空学校第六期毕业。第五大队少校副大队长。牺牲于四川双流上空。

周灵虚（1912—1941），广东南海人。广东航空学校第六期毕业。第二十八中队上尉中队长。牺牲于四川双流上空。

江东胜（1913—1941），广东花县人。美国士巴顿航空学校毕业。第十七中队上尉分队长。牺牲于四川双流上空。

任贤（1916—1941），河南邓县人。空军军官学校第八期毕业。第十七中队中尉飞行员。牺牲于四川双流上空。

谭卓励（1911—1941），广东新会人。广东航空学校第六期毕业。第二十八中队上尉副中队长。牺牲于温江上空。

高冠才（1914—1941），广东文昌人。中央航校第六期毕业。第十中队上尉飞行员。牺牲于宜昌。

韦一青（1911—1939），广西容县人。广西航空学校第一期毕业。第三十二中队中尉中队长。牺牲于昆仑关。

金雯（1909—1942），浙江永嘉人。中央航校第一期毕业。第三大队中校大队长。1月16日在贵州黎平因飞机故障殉职。

吴纶（1915—1942），江西贵溪人。中央航校第六期毕业。第十一中队中尉飞行员。牺牲于湖南长沙。

邵瑞麟（1913—1942），辽宁新民县人，满族。中央航校第三期毕业。第十一中队少校中队长。牺牲于越南汶河。

徐葆（1915—1943），河北玉田人。中央航校第五期毕业。第四大队上尉副大队长。牺牲于湖北枝江上空。

王德敏（1917—1943），天津人。空军军官学校第十二期毕业。曾赴美国鹿克航空学校深造。中国空军少尉。在美国第十四航空队工作。牺牲于云南宜良。

颜泽光（1915—1943），西康雅江人。空军军官学校第七期毕业。第四十一中队上尉副中队长。牺牲于湖北恩施。

周志开（1919—1943），祖籍河北滦县，在开封长大。中央航校第七期毕业。第二十三中队少校中队长。牺牲于湖北长阳县。

曾明夫（？—1944），江西赣县人。第四中队二等四级通信士。牺牲于安徽芜湖—安庆上空。

姚杰（1916—1944），四川奉节人。中央航校第六期毕业。第二十六中队少校中队长。牺牲于湖南邵阳。

张国庆（1920—1944），广东开平人。航委会射击训练班毕业。第二中队中士射击士。牺牲于衡阳上空。

俞时骧（1919—1945），江苏昆山人。空军军官学校第十四期毕业。第一中队中尉飞行员。牺牲于河南博爱上空。

……

让我们深深地鞠躬，向那些为中国抗战英勇捐躯的苏联和美国空军英烈们致敬！